NEKED MEGFELELŐ GAZDAGSÁG

NEKED MEGFELELŐ GAZDAGSÁG

Gary M. Douglas és Dr. Dain Heer

AC PUBLISHING

Eredeti cím: *Right Riches for You*
Második kiadás
Szerzői jog © 2013 Gary M. Douglas és Dr. Dain Heer
ISBN: 978-1-63493-690-3 (papírkötéses)
ISBN: 978-1-63493-691-0 (e-könyv)
Access Consciousness Publishing
www.acpublishing.com
Először a Big Country Publishing által kiadva 2012-ben

Neked megfelelő gazdagság
Szerzői jog © 2024 Gary M. Douglas és Dr. Dain Heer
ISBN: 978-1-63493-708-5 (papírkötéses)
ISBN: 978-1-63493-709-2 (e-könyv)
Access Consciousness Publishing

Minden jog fenntartva. A kiadvány semmilyen részét nem lehet reprodukálni, visszakeresési rendszerben tárolni, bármilyen formában vagy módon átadni, sem elektronikusan, sem mechanikusan, fénymásolatban, felvételben vagy bármilyen módon, a kiadó előzetes írásbeli engedélye nélkül.

A könyv szerzője és kiadója nem állít vagy garantál semmilyen fizikai, mentális, érzelmi, spirituális vagy pénzügyi eredményt. A szerző által nyújtott minden termék, szolgáltatás és információ célja csupán az általános tájékoztatás és szórakoztatás. Az itt közölt információk semmi esetre sem arra hivatottak, hogy helyettesítsék az orvosi vagy más szakértői véleményt. Abban az esetben, ha használod a könyvben található információkat, a szerző és a kiadó nem vállalnak felelősséget a tetteidért. Az Access Consciousness Publishing nem vállal felelősséget semmilyen tartalomért, bibliográfiai utalásért, művészeti alkotásért vagy más, a könyvben idézett munkáért.

Angolról fordította: Valkusz Lili

TARTALOMJEGYZÉK

A LÁTÁSMÓDOD MEGVÁLTOZTATÁSA
MIT JELENT NEKED A PÉNZ?
5

MIT JELENT NEKED A PÉNZ?
GONDOLKODJ EL A VÁLASZAIDON
TE, A VÉGTELEN LÉNY

BEFOGADÁS
11

SZEGÉNYSÉGFÜGGŐSÉG
LÉGY HAJLANDÓ MINDENT BEFOGADNI

KÉRDÉSBEN ÉLNI
17

KONTEXTUÁLIS VALÓSÁG ÉS NEMKONTEXTUÁLIS VALÓSÁG
BIZONYÍTÓ KITALÁCIÓK
KONFLIKTUSOS UNIVERZUMOK
DÖNTÉSEK, ÍTÉLETEK, SZÁMÍTÁSOK ÉS KIKÖVETKEZTETÉSEK (DISZK-EK)
PROBLÉMÁK, AMIK NEM HOZZÁD TARTOZNAK

A JÓLÉT GENERÁLÁSÁNAK NÉGY ELEME
LÉGY HAJLANDÓ BIRTOKOLNI A PÉNZT
32

PÉNZT BIRTOKOLNI KONTRA PÉNZT SZEREZNI,
PÉNZT SPÓROLNI KONTRA PÉNZT KÖLTENI
TIZEDELJ ÖNMAGAD EGYHÁZÁNAK
TEGYÉL FÉLRE TÍZ SZÁZALÉKOT ABBÓL, AMI BEÁRAMLIK AZ ÜZLETEDBE
HORDJ MAGADNÁL PÉNZT A ZSEBEDBEN
HÚZD KI EZEKET A SZAVAKAT A SZÓTÁRADBÓL
TÚL SOK PÉNZ?
MILYEN ENERGIÁT UTASÍTASZ VISSZA?
LÉGY HAJLANDÓ MINDENT ÉRZÉKELNI, TUDNI, LÉTEZNI ÉS BEFOGADNI

GENERÁLJ PÉNZT
44

GENERÁLÁS KONTRA TEREMTÉS
AZ ÉLETED GENERÁLÁSA
GENERÁLJ PÉNZT AZ ÉLETEDBEN
TEGYÉL FEL KÉRDÉSEKET
HASZNÁLJ KÉRDÉSEKET AZ ÜZLETEDBEN
TEREMTSD A JÖVŐT

KÉPEZD MAGAD A PÉNZRŐL ÉS A PÉNZÜGYEKRŐL
85

AEIOU POD-OK, A TÖRMELÉK, AMIT BEVETTÉL MÁSOKTÓL
A SAJÁT PÉNZÜGYEID
HOGYAN MŰKÖDNEK A DOLGOK EBBEN A PÉNZÜGYI VALÓSÁGBAN?

NEMESLELKŰSÉG
99

AJÁNDÉKOZÁS
LÉGY HÁLÁS, AMIKOR MÁSOK BEFOGADNAK
LÉGY BŐKEZŰ MAGADDAL

TOVÁBBI ESZKÖZÖK, AMIKET PÉNZGENERÁLÁSRA HASZNÁLHATSZ
108

HA A PÉNZ NEM SZÁMÍTANA, MIT VÁLASZTANÉK?
HOGYAN LEHETNE EZ ENNÉL IS JOBB?
ÉRDEKES NÉZŐPONT
MI KELLENE HOZZÁ, HOGY MEGJELENJEN A(Z) _____?
MI MÁS LEHETSÉGES MÉG?
MIVEL TEREMTETTEM EZT?
MI A JÓ EBBEN, AMIT NEM VESZEK ÉSZRE?
TÍZ MÁSODPERCES SZAKASZOK
AZ ÉLETBEN MINDEN KÖNNYEDÉN, ÖRÖMMEL ÉS RAGYOGVA ÁRAD FELÉM

A látásmódod megváltoztatása

A látásmódod megváltoztatása

Ha olyan vagy, mint a legtöbb ember, akkor számtalan nézőpontod van a pénzről, és még csak nem is vagy tudatában. Ezek a nézőpontok okozzák a legtöbb, úgynevezett pénzproblémádat. Ebben a könyvben Dain és én olyan gondolkodásmódot szeretnénk bemutatni neked a pénzről, ami arra bátorít, hogy másképp lásd a pénzügyi világodat. Szeretnénk segíteni azoknak a nézőpontoknak a megváltoztatásában, amik visszatartanak téged attól, hogy könnyedén és kényelmesen legyen pénzed.

Ez a könyv egy olyan pénzügyi valóság generálásáról szól, ami sokkal nagyszerűbb, mint amivel jelenleg rendelkezel. Beszélni fogunk arról, mi kell hozzá, hogy ténylegesen legyen is pénzed, azzal ellentétben, amikor csak megszerzed a pénzt. Azt is megvitatjuk majd, hogyan generálj pénzt az életedben, és olyan eszközöket adunk a kezedbe, amikkel a jelenlegi gazdasági válságot sikerré alakíthatod. Olyan módszereket javaslunk, amikkel pénzt csinálhatsz ezekből a körülményekből ahelyett, hogy ezek miatt veszítenéd el a pénzed. Ez mind arról szól, hogy egy kicsit más nézőpontból nézz mindenre.

Szeretnénk esélyt adni rá, hogy felismerd, másképp is tekinthetsz a világra, és van rá mód, hogy valami teljesen mást generálj az életedben, amennyiben megváltoztatod a látásmódodat.

MIT JELENT NEKED A PÉNZ?

Kezdésképp, íme két rövid gyakorlat, ami segít feltérképezni, mit jelent neked a pénz.

Mit jelent neked a pénz?

Írd le a válaszodat arra a kérdésre, hogy:
„Mit jelent neked a pénz?"

_____

_____

_____

_____

_____

_____

Gondolkodj el a válaszaidon

Nézz rá minden egyes válaszra, amit a kérdésre adtál. Könnyed érzéssel tölt el a gondolat, hogy ez a pénz? Vagy elnehezít? Amikor valami könnyed érzés, az igaz számodra. Amikor valamitől nehéznek érzed magad, az hazugság.

Ahhoz, hogy legyen elképzelésed róla, hogyan néz ki ez a gyakorlat, íme néhány példa, amit mások adtak egy korábbi pénzes tanfolyamon:

Gary: Oké, az első válasz a szex. Szóval a pénz szex? Ettől könnyűnek vagy nehéznek érzed magad?

Résztvevő: Nehéznek.

Gary: Nehéznek. Rendben. A következő válasz a kedvező alkalom. A pénz kedvező alkalom? Ez könnyű vagy nehéz neked?

Résztvevő: Könnyű.

Gary: Oké, könnyű. A kedvező alkalom a pénz energiájának egyik eleme.

A következő a biztonság. Ettől könnyűnek vagy nehéznek érzed magad? Nehéznek, mivel a biztonság nem olyasmi, amit bármilyen szinten birtokolhatsz. Kérdezz meg bárkit, aki San Franciscóban él, mennyire érzi magát biztonságban. Bármelyik pillanatban megnyílhat a föld a lába alatt és elnyelheti őt. Azt gondolod, biztonságban vagy? Na ne már! Te megőrültél!

A következő válasz a szabadság. A pénz szabadság. Ettől könnyűnek vagy nehéznek érzed magad?

Résztvevő: Nehéznek.

Gary: Igen, nehéznek. A szabadság nem a pénzből jön. A pénz a szabadsággal érkezik. Mi lenne, ha az életed nem arról a valamiről szólna, amiről azt hitted, a pénzzel fogod elérni? Mi lenne, ha az éberségről szólna, hogy a pénz annak eredményeképpen érkezik hozzád, hogy azt választod, ami felszabadít?

Sokan mondják, hogy: „Követned kell a szenvedélyed." Ha kikeresed a szenvedély szót egy régi értelmező szótárban, feltűnhet, hogy a keresztre feszítés állapotát jelenti, mint ahogy Krisztus volt. A szenvedélyed kergetése nem fog oda juttatni, ahová el szeretnél érni. Azonban ha azt csinálod, amit szeretsz, a pénz csatlakozik hozzád az úton. Hajlandónak kell lenned azt csinálni, amit szeretsz.

Dain: Amikor hajlandó vagy a választás szabadságával rendelkezni, akkor megteremted vagy generálod a pénzt. Az emberek azt gondolják, a pénz ad majd nekik szabadságot, pedig valójában pont fordítva van. Ha hajlandó vagy szabadnak lenni, az lehetővé teszi a pénznek, hogy felbukkanjon.

Gary: Amikor hajlandó vagy választani, a pénz megérkezik.

A következő válasz a relaxáció. A pénz relaxáció. Ettől könnyűnek vagy nehéznek érzed magad? Nehéznek. A pénz nem relaxáció. Ellazultabbnak érezheted magad, amikor több pénz van a bankszámládon, de nem ez a pénz.

A következő a választás. A pénz választás? Ettől könnyűnek vagy nehéznek érzed magad?

Résztvevő: Nehéznek.

Gary: Igen, mivel a pénz nem választás, a választás azonban pénzt generál. Amit választasz, pénzt generál, de a pénz nem ad neked választást.

Dain: A választás hasonló a szabadság eszméjéhez. Ha hajlandó vagy a szabadságot az életed részeként kezelni, szabadságot fogsz generálni, bárhogy is nézzen ez ki. Ha pénz kell ahhoz, hogy szabad legyek, hát legyen, lesz pénzem. Ha sok rózsával kell körbevennem hozzá magam, sok rózsám lesz. Te tudod, mi generál szabadságot számodra. Ugyanez a helyzet a pénzzel. Ha hajlandó vagy rendelkezni azokkal a dolgokkal, amik pénzt generálnak neked, akkor lesz pénzed. A legtöbben úgy gondolnak a pénzre, mint a dolgok forrására ahelyett, hogy észrevennék, hogy ez éppen fordítva van. A választás nem pénz. A választás a pénz forrása. A választás éberséget teremt. Az éberség nem teremt választást.

Gary: A választás mindennek a forrása az életedben. A választás generálja az összes alkalmat és lehetőséget. A választás generál mindent, ami lehetséges az életedben. A választás a forrás. Amit választasz, az a forrása annak, ami történik az életedben.

Most pedig nézd meg a válaszokat, amiket arra a kérdésre adtál, hogy: „Mit jelent neked a pénz?" Könnyűnek érzed magad a választól? Megfelelően definiálja számodra a pénzt? Vagy elnehezít? Amennyiben a válasz igaz számodra, könnyed érzésed lesz. Ha nem igaz, el fog nehezíteni. Főként az nehezít el, amit bevettél másoktól a pénzről.

A mi meglátásunkban a pénz egy közvetítő közeg. Valójában ennyi. Minden más a listán, mint például a biztonság, relaxáció, szabadság és így tovább az, amit az emberek gondoltak a pénzről. Feltűnt, hogy ha egy olyan nézőpontból tekintesz a pénzre, ami valójában nem is a tiéd, teljesen másnak tűnhet, mint ami valójában?

Példának okáért nézd meg az egyik falat a szobában, amiben ülsz. Az egy fal. Ez egy szép fal, csúnya fal, tökéletes fal, helyes fal, jó fal, vagy csak egy fal? Ez csak egy fal. Felül tudsz kerekedni az elképzelésen, miszerint a fal szép vagy csúnya? Ugyanez a helyzet a pénzzel. Azt mondjuk: „Jó pénz. Rossz pénz. Helyes pénz. Helytelen pénz. A pénzszerzés helyes módja. A pénzszerzés helytelen módja." Ezek mind ítéletek. Semmi közük ahhoz, ami a pénz; egyszerűen csak dolgok, amiket eldöntöttél a jó és rossz tapasztalataid alapján, valamint annak alapján, amit megtanítottak neked, na meg amit bevettél másoktól.

A könyv során kérdéseket, tisztításokat és egyéb eszközöket kínálunk, amiket arra használhatsz, hogy éberré válj a pénzzel kapcsolatos nézőpontjaidra és kitakarítsd őket a teredből. Reméljük, arra fogod használni őket, hogy egy másfajta pénzügyi valóságot hozz létre magadnak.

Te, a végtelen lény

Néhány embernek azt mondták vagy arra tanították őket, hogy fogalmuk kell legyen róla, hogy mire vágynak ahhoz, hogy rendelkezhessenek azzal, amivel szeretnének. Mi a fogalom? Egy térkép, egy kép, egy hogyan vagy egy definíció. Olyasmi, amit az elme hoz létre. Az az elképzelés, hogy fogalmad legyen róla, mire vágysz, még korlátozottan működhet is, azonban az univerzum elképesztően mérhetetlenebb és korlátlanabb, mint bármi, amit az elméd fel tud fogni vagy létrehozni – a lehetőségek pedig határtalanok. Miért akarnád arra használni az elméd, hogy ugyanolyan korlátoltan teremtse az életedet, ahogyan eddig te tetted? Miért akarnád feltérképezni a holnapot már előző nap, hogy tudd, mit fogsz tenni? Miért akarnál oly módon működni, ami automatikusan korlátozza azt, ami elérhető számodra?

Létezik egy teljesen más látásmód – és egy teljesen más működés az univerzumban. Ez annak a felismerésével kezdődik, hogy kik vagyunk. Végtelen lények vagyunk. Észrevetted? Végtelen lényekként végtelen képességünk van érzékelni, tudni, létezni és befogadni, ám ahelyett, hogy felismernénk, hogy végtelenek vagyunk és akként a végtelen lényként működnénk, amik valójában vagyunk, rengeteget tettünk azért az elmúlt négytrillió évben, hogy borzasztóan végessé tegyük magunkat. Életről életre visszatérünk, és akárhányszor visszajövünk, egyre végesebbé válunk a nézőpontjainkban, amíg a végtelen már egy teljesen megfoghatatlan fogalommá nem halványul. Valójában megtagadjuk a végtelen természetünket. Gyakran azért tesszük ezt, hogy egyetértésbe kerüljünk mindenkivel a világban. Azt mondjuk: „Így csinálja anyukám, szóval így fogom csinálni", vagy: „Ezt nem értenék meg a barátaim és nem értenének egyet vele, szóval nem rendelkezem ezzel többé". Amikor így teszünk, levágjuk magunkat a végtelen természetünkről, valamint a végtelen lehetőségekről, amik elérhetők számunkra.

Sokkal kevesebb erővel, képességgel, örömmel, szórakozással, pénzzel – amit csak el tudsz képzelni – működünk, mint tehetnénk. Dain azt mondta: „Mielőtt az Access-be kerültem, már hallottam olyat emberektől, hogy végtelen lények vagyunk, és mindig azon gondolkoztam, hogy én egy végtelen lény vagyok? Ha ez igaz, miért néz ki úgy az életem, ahogy? Egy végtelen lénynek nem kellene tudnia legalább a lakbért kifizetnie? Egy végtelen lénynek nem kellene néhanapján boldogan ébrednie? Egy végtelen lénynek nem kellene kedvelnie a saját életét? Ha annyira végtelen vagyok, mi a fenéért néz ki úgy az életem, ahogy?"

Azért, mert ahelyett, hogy azt választanánk, hogy érzékelünk, tudunk és létezünk mindent – ami lehetővé teszi számunkra, hogy mindent befogadjunk, beleértve mindazt a pénzt, amit valaha kérhetnénk –, azt választjuk, hogy ennek a valóságnak a korlátain belül működünk. Azt választjuk, hogy egyetértünk mindenkivel arról, mi van. Elutasítjuk azt, amink lehetne. Nem vagyunk hajlandóak befogadni. Azt hisszük, szét kell választanunk és felosztanunk magunkat, mint mindenki más. Lecsökkentjük magunkat; korlátozzuk magunkat. A testünk, a bankszámlánk vagy a házunk alapján definiáljuk magunkat. Igyekszünk olyanná tenni magunkat, mint mindenki más, hogy beilleszkedjünk.

A valóság az, hogy minden vagyunk, csak azt mondjuk: „Jaj ne, véges lény vagyok. Korlátoz a testem mérete vagy a pocsolya, amiben élek." Beleragadunk a hazugságba, miszerint: „Egy nagyon korlátolt lény vagyok. Végesek a képességeim." Ez nem igaz. Nem vagyunk korlátozottak és végesek!

Te, mint lény nem vagy más, mint egy hűvös, tavaszi szellő. Puszta tér vagy. Nem a tested vagy. Ezek a testek korlátozottak, te azonban minden vagy. Hogyan teheted magadat, aki végtelen, egy testbe? Ez képtelenség. Valójában a tested van benned. A tested benned működik, nem te a testedben. Még ha 500 kilóssá tetted is a tested, akkor sem lesz elég nagy, hogy magába foglaljon téged.

 Hunyd le a szemed és keresd meg a külső határaidat.
 A tiédet, a lényét.
 Megtalálod a külső határaidat?
 Vagy mindenhol ott vagy, ahová nézel?
 Ilyen egy végtelen lény.
 Beleférne egy ilyen hatalmas lény egy ilyen pici testbe?
 Szóval valójában a tested van benned?

Amikor egy olyan helyzetben találod magad az életben, ami nem működik neked, próbáld ki ezt a kérdést: „Egy végtelen lény választaná ezt? Nem? Akkor én miért teszem?" Ha egy végtelen lény nem választaná, te miért tennéd? Arra invitálunk, hogy nézz rá azokra a területekre, ahol eldöntötted, hogy a korlátozás egy jó dolog, és oldd fel ezeket, hogy ne kelljen fenntartanod többé ezt a nézőpontot. Nem kell átvenned a korlátozó nézőpontokat, amiket mások bevesznek. Választhatsz mást.

Van bármi elképzelésed róla, milyen lenne, ha pillanatról pillanatra élnéd az életedet, végtelen lényként, ami valójában vagy? Nos, egyrészről megkövetelnéd és birtokolnád, hogy egy végtelen lény vagy végtelen erőkkel. Nem vennéd be ennek a valóságnak a megállapodásait. Túl sok dolgod lenne! Túl jól szórakoznál. És valószínűleg túl sok pénzed lenne!

BEFOGADÁS

A bőség nem arról szól, mennyi pénz van a bankszámládon, hanem arról, hogy többel rendelkezel mindenből az életedben. Arról szól, hogy öröm van az életedben. A bőség mindenről szól, amit hajlandó vagy befogadni.

Dain és én mindenféle emberrel dolgoztunk már az úgynevezett pénzproblémájukon. Függetlenül attól, hogy 10 dollárjuk vagy 10 millió dollárjuk volt; ugyanaz a pénzproblémájuk volt. Hogy lehet ez? Úgy, hogy nem a pénz a probléma; a gond az, hogy nem hajlandóak befogadni. Képtelenek befogadni, vagy vannak dolgok, amiket nem akarnak befogadni, netalántán nem hiszik, hogy befogadni jó dolog. Amit nem vagy hajlandó befogadni az életben, az távol tart attól, hogy birtokold a pénzt, amivel rendelkezni szeretnél.

A legtöbb ember számára kényelmesebb az, ha nincsen pénze, mint ha van. Gyakran az a nézőpontjuk, hogy ha sok pénzük van, az azt jelenti, hogy mástól lopták azt, vagy csúnyán kihasználtak másokat, vagy hogy teljesen elvetemültek. Így hát inkább megfosztják magukat tőle, mint hogy elfajuljanak. A nélkülözést választják a romlottság helyett.

Én hajlandó vagyok rengeteg pénzt generálni. Néhányan azt gondolják, nem érdemlem meg, és elképzelhető, hogy igazuk van – ám akkor is hajlandó vagyok befogadni azt. A legtöbb ember csak azzal rendelkezhet, amiről azt gondolja, hogy megérdemli. Megérdemled, hogy érezd a hűvös szellőt egy forró napon – vagy egész egyszerűen csak érzed? Megérdemled, hogy az arcodra süssön a nap – vagy csak kimész a szabadba és ott van? Mi lenne, ha a pénz is olyan lenne, mint a nap? Mi lenne, ha olyasmi lenne, ami lesüt rád? Mi lenne, ha olyan könnyedén jönne hozzád, mint a lélegzeted áramlása? Ennek így kellene lennie! A befogadásnak olyannak kellene lennie, mint ahogy befogadod a levegőt, amit belélegzel, mint a nap melege és a szél cirógatása.

Szegénységfüggőség

A legtöbb ember, akivel dolgozunk, szegénységfüggőségben szenved, ami azt jelenti, hogy nem hajlandóak megengedni az univerzumban mindennek, hogy megajándékozza őket. Ha szeretnél pénzt, hajlandónak kell lenned befogadni. Hajlandónak kell lenned megengedni mindennek a világon, hogy megajándékozzon téged. A valóságod határa annak a pénznek a mennyiségén alapszik, aminek a birtoklását hajlandó vagy megengedni magadnak. Más szóval, ha épp csak elég pénzzel vagy hajlandó rendelkezni, mindig csak egyhavi fizetés fog elválasztani a szegénységtől; állandóan ezt a pénzügyi valóságot fogod létrehozni. Ha épp csak kicsivel többet vagy hajlandó birtokolni, mint amire ténylegesen szükséged van, akkor állandóan ezt fogod teremteni. Ez a valóságod korlátjává válik. Ha azt gondolod, keményen kell dolgoznod azért, hogy pénzed legyen és nincs vele könnyedséged, akkor folyamatosan ezt fogod a valóságodként teremteni.

Sok évvel ezelőtt, amikor nem volt pénzem, garázsvásárokra jártam, hogy olyan dolgokat vegyek, amiket aztán el tudok adni, hogy egy kis extra pénzhez jussak. Egy nap, amikor kint voltam, megláttam egy 14 karátos arany kilincset, amit 4 dollárért árultak. Akkoriban ez nagyjából 1000 dollárt ért. Aznap éppenséggel nem volt nálam készpénz. Nálam volt a csekkfüzetem, de akkoriban a feleségem olyan csekkeket állított ki, aminek a fedezetére nem volt pénzünk, így arra köteleztem magam, hogy sose írjak rossz csekket. Annyira el voltam köteleződve az iránt, hogy nem írok rossz csekket, hogy még az orrom előtt lévő lehetőséget sem láttam. Ez bizony szomorú – márpedig én egy okos fickó vagyok. Több eszem is lehetett volna. Ha ez ma történne velem, nem mondanám, hogy: „Jaj ne, ez most nem fér bele!" Észrevenném az alkalmat, és feltenném a kérdést: „Oké, hogyan szerezhetem meg a pénzt?"

Ez olyasmi, amit mindannyian csinálunk az életünkben. Azt mondjuk: „Ez most nem fér bele." Tedd fel helyette a kérdést: „Mi kellene hozzá, hogy ez sikerüljön?" El kell kezdened egy más nézőpontból működni, ha valóban gazdagságot szeretnél generálni és teremteni. Ne utasítsd vissza a szegénységfüggőséged miatt a pénzt és azokat a dolgokat, amiket az életedben szeretnél tudni.

Légy hajlandó mindent befogadni

Ha valóban szeretnéd, hogy legyen pénzed, hajlandónak kell lenned mindent befogadni. Ez alatt mindent értünk, a jót, a rosszat, a szépet és a csúfot. Ez nem azt jelenti, hogy választanod kell azt a valamit az életed részeként – de hajlandónak kell lenned befogadni. Hajlandónak kell lenned bármilyen energiát befogadni, bármi is legyen az. A hajlandóság, hogy befogadj, azt jelenti, hogy felismered, hogy minden feléd áramolhat, és nem ragad hozzád. Megy tovább. Megáll valaha az energia? Nem.

Amikor nem szeretsz valamit vagy helytelennek tartod, azzal elvágod annak a dolognak az energiáját – márpedig az energia mindennek a forrása az életünkben. Ez teremt meg minden lehetőséget. Amikor nem vagyunk hajlandóak befogadni valamit, azzal megállítjuk az energia áramlását irányunkban, és levágjuk magunkat az univerzum energiájáról. Minden, amiről eldöntöttük, hogy nem vagyunk képesek befogadni, megegyezik a pénzbefogadás képtelenségével. Amennyiben eldöntöd, hogy: „Nem szeretem a szőkéket," képtelen leszel szőke hajú emberektől befogadni pénzt. Ha moralista vagy, nem vagy hajlandó pénzt befogadni olyanoktól, akik nem morálisak.

Amint rájössz, hogy minden része az univerzumodnak, választhatsz, mivel szeretnél rendelkezni. Ez különbözik attól, amikor elutasítasz valamit, mert rosszként vagy nemkívánatosként ítéled meg. Amikor megpróbálsz elutasítani dolgokat az univerzumodban, képtelen vagy befogadni bármit, a pénzt is beleértve. Vedd annak az energiáját, amikor megítélsz valakit – vagy saját magadat. Milyen érzés? Kiterjed az életed vagy összeszűkül, amikor ebben az ítéletben agonizálsz? Összeszűkül. Az életed bekebelezi saját magát, amikor ítélkezel. Beleveted magad a saját fekete lyukadba. Amikor ebben az állapotban vagy, mit vagy hajlandó befogadni másoktól? Semmit. Megtagadod a lehetőségét, hogy bárki vagy bármi pénzügyi hozzájárulás legyen.

Képesnek kell lenned mindent befogadni, még mások ítéleteit is magadról. Az ítélet olyasmi, amit a legtöbb ember nem akar befogadni; nem akarják, hogy megítéljék őket mások. Visszautasítják az ítéletek befogadását. Az ítélet azonban nem igazság. Valaki azt gondolja rólad, hogy csúnya vagy szép vagy, kövér vagy vékony vagy, lusta vagy munkamániás vagy? És akkor mi van? Ez csak az ő ítélete. Minden alkalommal, amikor hajlandó vagy befogadni valaki ítéletét – nem teszed valóssá, csak befogadod –, 5000 dollárt kapsz abban az évben. Hajlandónak kell lenned befogadni az ítéletet, mint minden mást is, ha azt akarod, hogy legyen pénzed.

Richard Branson, brit vállalkozó, aki a világ egyik leggazdagabb embere, mindenféle ítéletet hajlandó befogadni. A helyzet az, hogy ha sok pénzed lesz, sok ítélet fog érni. Az emberek megítélnek, amiért van pénzed, hiszen ahogy Ausztráliában mondják: „A magas pipacsokat levágják." Ez azt jelenti, hogy nem érdemes kilógni a sorból, mert úgyis elkaszálnak a többiek. Azok az emberek, akiknek rengeteg pénze van, mindenféle ítélettel szembesülnek, ám ha olyanok, mint Richard Branson, és nincs az az ítéletük mások ítéleteiről, hogy ezek valósak lennének, akkor nem tagadják meg maguktól azt, hogy legyen pénzük. Engedd meg magadnak, hogy befogadd mások ítéleteit. A nézőpontjuk rólad nem más, mint az ő nézőpontjuk. Ne állj ellen vagy reagálj rá, ne fogadd el vagy utasítsd el, csak mondd: „Hm. Ez egy érdekes nézőpont."

Egy hölgy egyszer azt mondta, hogy amint a Market Street-en sétált San Franciscóban, látott egy hajléktalant az utcán ülni. A szokásos reakciója az lett volna, hogy ellenálljon neki, akárcsak a félelmének, hogy egy napon ő is hajléktalanná válhat, ehelyett azonban azt mondta magának: „Teljes mértékben be fogom fogadni őt és a tényt, hogy akár én is ülhetnék ott vele." Amikor megtette ezt, a félelme, hogy hajléktalan lehet, puff, eltűnt. Azt mondta: „Rájöttem, hogy a hajléktalanság ugyanolyan része volt az univerzumomnak, mint minden más, de tudtam, hogy nem kell választanom azt."

Az egyik kedvenc példám annak a fontosságáról, hogy képesek legyünk mindent befogadni, akkoriból származik, amikor egy olyan emberrel dolgoztam, akinek ruhaboltja volt Houston meleg negyedében. Az üzlete nem termelt pénzt, és azt mondta: „Segítségre van szükségem. Nem tudom, mi történik, de az üzletem hanyatlik." Elmentem a boltjába és végignéztem az áruin. Minden jól nézett ki. Végignéztem a könyvelését, semmi nem hibádzott. Semmi nem lógott ki a sorból. Azt mondtam neki: „Mesélj a vásárlóidról." Azt felelte: „Nos, a legtöbbjük elég jópofa, aztán ott vannak azok az emberek, akiket nem csípek."

Azt kérdeztem: „Mármint milyen emberek?"

Azt mondta: „Tudod, azok a selyemfiúk."

„Ó, szóval ruhaboltot vezetsz a város meleg szegletében, és nem csíped a selyemfiúkat? Ki vásárol a meleg negyedben? Vásárolnak hetero férfiak a meleg negyedben? Nem. Benéznek egy boltba a hetero pasik feleségei a meleg negyedben? Nem. Nem ártana úgy döntened, hogy kedveled ezeket az embereket. Ők a vásárlóid."

„Igen, de utálom, amikor kikezdenek velem."
„Szoktál kikezdeni nőkkel?"
„Nos, akkor nem, amikor ott a feleségem."
„Azt várod el, hogy szex legyen belőle, amikor kikezdesz velük?"
„Nem, csak szeretek flörtölni."
„Nos, mi van akkor, ha ezek a fiúk csak szeretnek flörtölni veled?"
„Ó, az ki van zárva."

„Nos, meg kell tanulnod flörtölni velük, ha azt akarod, hogy az üzleted sikeres legyen. Én leszek a selyemfiú, aki kikezd veled, te pedig megtanulsz beszélgetni velem."

Szóval azzal kezdtem, hogy: „Ó, édesem, ezek a ruhák annyira gyönyörűek", ő pedig teljesen kibukott.

Folytattam: „Tudod, annyira szeretnék szexelni veled."

Mire azt mondta: „Ó, te jó ég!"

Nagyjából negyvenöt perccel később eljutott arra a pontra, ahol el tudott kezdeni visszaflörtölni. Elkezdte élvezni, hogy játszhat az energiával, és két hónapon belül teljesen sikeressé vált az üzlete. Csak azért, mert valaki flörtöl veled és te is flörtölsz vele, az nem jelenti azt, hogy közösülnötök kell. Nem jelenti azt, hogy végig kell vinned. Nem jelent semmit, azon kívül, hogy hajlandó vagy befogadni az energiát.

Valaki azt kérdezte tőlem: „Amikor veszélyes vagy őrült emberek közelében vagy, hogyan tudod befogadni őket?"

„Könnyen. Tudd, hogy őrültek. Tudd, hogy veszélyesek. Nem vennéd fel őket autóval, és nem vinnéd haza őket. Csak légy totálisan éber és ne ítéld meg őket." Nekem nincsenek ítéleteim az emberekről, emiatt pedig bárkitől be tudok fogadni pénzt. Ez nem jelenti, hogy mindegyikükkel foglalkoznom kell. Egyszerűen csak annyit jelent, hogy hajlandó vagyok befogadni az energiájukat.

Egy hölgy, aki hallotta a történetet a férfiról a ruhabolttal, azt kérdezte tőlem: „Mit teszel, ha befogadod egy férfi vágyakozó energiáit, mire ő elkezd taperolni?"

Azt javasoltam neki, hogy mondja ezt: „Édesem, ha még egyszer megteszed ezt, levágom a farkadat."

Azt mondta: „Igen, de tíz másodperce még arról beszéltél, hogy fogadjunk be és flörtöljünk!"

„Befogadsz. Most fogadtad be azt az információt, hogy egy seggfej. Csak azért, mert flörtöltél vele vagy elmentél valakivel vacsorázni, nem jelenti azt, hogy ágyba kell bújnod vele."

Mindig a nők irányítanak. Megmondhatják, hogy: „Gyere ide. Ne. Gyere ide. Ne." Amikor a férfi taperol, túl messzire ment. Elképesztő, mennyi férfi van hozzászokva ahhoz, hogy megússzák ezt a fajta viselkedést.

Amikor ez történik, vedd át az irányítást. Mondd: „Ha még egyszer megteszed, levágom a tökeidet." Amikor ilyesmit mondasz nekik, hirtelenjében nagyon megkedvelnek. Tisztelnek. Borzasztóan régóta vágytak rá, hogy valaki helyre tegye őket, neked pedig megvolt hozzá az erőd. Bármilyen energiát hajlandónak kell lenned befogadni, de ez nem jelenti azt, hogy ezért cserébe tenned kéne bármit is. Ez nem jelenti azt, hogy neked kell a rövidebbet húznod. Mindent befogadni nem azt jelenti, hogy lábtörlővé válsz.

Ha valóban bőségben szeretnél élni és rendelkezni mindennel – beleértve a felháborító mennyiségű pénzt –, hajlandónak kell lenned mindent befogadni. Hajlandónak kell lenned mindent létezni, csinálni, birtokolni, teremteni és generálni az életben. Minden más ítélkezésből való működés, ami elzárja a képességed, hogy mindent létezz és befogadj.

KÉRDÉSBEN ÉLNI

Kontextuális valóság és nemkontextuális valóság

Ez a valóság, amit Dain és én kontextuális valóságnak hívunk, arról szól, hogyan nyersz, hogyan veszítesz, hova illesz, és hol húzol hasznot. Ez egy korlátolt nézőpont az univerzumról. A kontextuális valóság valójában csak az univerzum tíz százaléka – mégis ebben él a legtöbb ember és ebből működik. Amikor azt mondod: „Ezt nem tehetem", vagy: „Ez nem működik", akkor a kontextuális valóságban működsz. Egyedül akkor akadsz ki, akkor aggódsz, amikor a kontextuális valóságban vagy.

A kontextuális valóság definiálja a korlátokat az életben. Ez ennek a valóságnak az ítélkező rendszere – mivel szükség van ítéletre ahhoz, hogy meghatározzuk, hogy nyersz vagy veszítesz, hogy beilleszkedsz vagy hasznot húzol. Rengetegen vannak a kontextuális valóságban, szóval nem tudsz megszabadulni tőle. Nem tudod elpusztítani, és nem tudsz azon kívül élni. Együtt kell tudnod élni ezzel, de nem kell ebben élned! Élhetsz a nemkontextuális univerzumban vagy a nemkontextuális valóságban. A nemkontextuális valóság az éberségről, lehetőségekről és a választásokról szól. A kérdésekről szól: „Oké, mik itt a lehetőségek? Milyen kérdéseket tehetek fel? Milyen választásaim vannak? Milyen hozzájárulás lehetek?" Amikor azt kérdezed: „Hogyan jelenhetne ez meg valami annál is nagyszerűbbként, mint amit el tudok képzelni?", akkor a nemkontextuális valóságban működsz. Ha a kontextuális valóság tíz százaléka az univerzumnak, akkor a nemkontextuális valóság teszi ki a maradék 990 százalékát.

Az 1996-os film, A csodabogár egy nagyszerű példája a nemkontextuális valóságnak. A John Travolta által alakított főszereplő a nemkontextuális univerzumból működik. Minden elérhető számára. A legtöbb ember furcsának találja a képességei miatt – és amikor elkezdesz a képességeidből működni, az emberek téged is elkezdhetnek furának nézni. Hajlandónak kell lenned annak lenni, akit furcsállnak, különben nem fogsz tudni az univerzum teljes 1000 százalékában működni. Az univerzum hihetetlen lehetőségeket biztosít számodra. Amikor megnyílsz a nemkontextuális valóságra, az életedbe hozod ezeket a lehetőségeket. Hogyan? Az egyik legfontosabb dolog, amit megtehetsz, hogy elkezdhess a nemkontextuális valóságban élni és megváltoztatni a pénzügyi világodat – és az egész életedet –, hogy kérdésben élsz.

Kérdésben élni azt jelenti, hogy invitálod az univerzumot, hogy támogasson téged azáltal, hogy korlátlan kérdéseket teszel fel. Az univerzumban minden tudatos, és minden molekula, ami csak létezik, segíteni fog, hogy támogasson téged. A tudomány azt mondja, hogy amikor ránézünk egy molekulára, megváltoztatjuk a szerkezetét – pusztán azáltal, hogy ránézünk. A molekulák tudatossága hozzájárulás nekünk; a hozzájárulás a természetük része. Ha nem fogjuk fel, hogy hatással vagyunk minden molekulára, amivel kapcsolatba kerülünk, sosem fogjuk megengedni a molekuláknak, hogy hozzájárulás legyenek nekünk – és nem fogjuk befogadni, amit a molekulák ajándékoznának nekünk.

Kérdésben élni az ellentéte annak, amikor megpróbálunk kitalálni dolgokat. Amikor megpróbálod kitalálni, hogyan fogsz megtörténtté tenni valamit, elkezded kitalálni a válaszokat ahelyett, hogy meghívnád az univerzumot, hogy végtelen lehetőségekkel lásson el. Ne próbáld meg kitalálni a dolgokat. Az elméd egy veszélyes dolog. Csak azt tudja definiálni, amit már tudsz. Nem lehet végtelen és korlátlan. Akárhányszor van egy válaszod, az az összessége annak, ami megjelenhet neked. Azonban amikor egy korlátlan kérdést teszel fel, mint például: „Mi kellene hozzá, hogy _____ megjelenjen?", azzal arra invitálod az univerzumot, hogy oly módokon támogasson, amit elképzelni sem tudsz.

Ebben a könyvben sok különböző kérdést és tisztítást kínálunk, amit arra használhatsz, hogy megváltoztasd a látásmódodat a világról, ezáltal pedig felszabadítsd a képességedet, hogy korlátlan mennyiségű pénzt generálj. Kezdésként beszélni fogunk azon nézőpontok konkrét kialakulási módjairól, amik limitálják az életedben levő pénz mennyiségét, illetve arról, hogyan tudsz kérdéseket használni arra, hogy kitisztítsd ezeket a teredből.

Bizonyító kitalációk

Nem az határozza meg, milyen az életed, hogy mi van a világban, mivel a világnak nincsen nézőpontja. Fordítva van: a világ támogatja a róla alkotott nézőpontodat. Másképp szólva, a nézőpontod teremti a valóságodat, a valóságod nem teremti a nézőpontodat. Feltűnt? Például ha az a nézőpontod, hogy küzdelmes pénzhez jutni, mindig küszködés lesz az univerzumodban a pénz kapcsán. Azok az emberek, akik beveszik ezt a nézőpontot a szüleiktől, folytatják a harcot a pénzzel, hacsak nem szabadulnak meg a pénz körüli beragasztó elképzeléseiktől. Az angol kifejezés, hogy „ingujjtól ingujjig három generáció alatt"[1] azt az elképzelést fejezi ki, hogy nem lehetsz nagyszerűbb, mint amilyennek neveltek.

Találkoztunk egy férfival Tennessee-ben, aki ezt másképp mondta. Erős, déli akcentusban azt mondta: „Nem haladhatod meg a neveltetést[2]." Azt gondoltam: „Hm, mit jelent ez?" Elképzeltem egy muffint mazsolával[3] a tetején. Aztán rájöttem, hogy azt mondta: „Nem lépheted túl azt, ahogyan neveltek." Ha szegénységben nevelkedtél, feltételezed, hogy a szegénység normális és korrekt. Ha a középosztályban nevelkedtél, akkor azt feltételezed, hogy a középosztályban lenni normális és korrekt. Magadra veszed a téged körülvevő emberek nézőpontjait – majd ez alapján teremted a valóságodat.

A legtöbb ember a bizonyító kitalációk alapján alakítja ki az életét, amit egészen kicsi korától formál. A bizonyító kitaláció egy konstruált nézőpont, egy elképzelés, amit kifejlesztettél. Mint amikor azt mondod, hogy: „A pénznek így kell lennie", vagy: „A pénz már csak ilyen". Úgy tekintesz valamire, mintha egy bizonyos módon lenne, majd bizonyítékot gyűjtesz, hogy megpróbáld igazzá tenni. Nem azt nézed, mi van, hanem azt keresed, amilyennek szeretnél látni valamit, vagy amiről eldöntötted, hogy a dolgok márpedig ilyenek.

Példának okáért, voltál valaha párkapcsolatban valakivel, és annyira el voltál foglalva azzal, hogy milyennek szeretnéd azt az embert, hogy nem láttad, milyen is volt valójában? „Ó, imádom őt! Olyan csodálatos!"

---

[1] Angol szólás, mely arra a jelenségre utal, hogy a nagyszülők vagyona elveszik az unokáik kezében, tehát a harmadik generáció során fogy el, visszakerülve a kiindulópontig.

[2] angolul elharapva a szó végét: raisin' és

[3] angolul: raisin - szóvicc [a fordító]

Ja, csodálatos – kivéve amikor alávaló, gonosz és undok veled. Ha arra fókuszálsz, milyennek szeretnéd, ha lenne, és hogy hogyan szeretnéd, ha kinézne a kapcsolat ahelyett, hogy látnád, milyen ő valójában, és milyen valójában a kapcsolat, olyasmiket fogsz mondogatni, hogy: „Előbb-utóbb működni fog." A bizonyíték nem támasztja alá a képet, amit kitaláltál. Ez egy bizonyító kitaláció.

Tegyük fel, hogy az a nézőpontod, hogy: „Az egyetlen módja, hogy pénzt szerezzek, ha teljes munkaidőben dolgozom." A semmiből rántod elő ezt a nézőpontot – vagy kiveszed a szüleid fejéből –, és úgy döntesz: „Ez így működik", majd elkezdesz bizonyítékokat keresgélni, ami bebizonyítja, hogy a konstruált nézőpontod valóban igaz. Elkezded úgy létrehozni az életed, hogy bebizonyítsd ennek a nézőpontnak a helyességét. Felpillantasz a csekély bizonyítékaid mögül, amik látszólag igazolják a nézőpontod? Nem. Nem éberségből működsz, hanem egy bizonyító kitalációból.

Egy barátunk azt mondta, hogy az édesapja visszautasított egy alelnöki állást egy olajvállalatnál, hogy egyetemi tanár lehessen. A bizonyító kitaláció a családjában az volt, hogy az oktatás mindenek felett áll, és csak a „csiszolatlan" embereknek van pénze. Bizonygatták a pénztelenség felsőbbrendűségét.

Dain családjában is volt egy hasonló eset. Azt mondja, hogy az ő családjában a bizonyító kitaláció az volt, hogy: „Lehet, hogy nincs pénzünk, de a gazdagokkal ellentétben mi boldogok vagyunk." Ő ezt nem vette be. Az ő reakciója az volt: „Elnézést, de tükörbe néztetek mostanában? Ezt nevezitek ti boldognak? Inkább szeretnék pénzt és megnézném a másik oldalt. Nálatok nem lehet kevésbé boldog."

Egy férfi ismerősünk azt mondta, „időnként boldog volt" a negyvenkét évnyi házassága alatt. A szülei hatvannyolc évig voltak házasok, és eldöntötte, hogy ezt neki is meg kell tudnia csinálni. Ugyanolyan helyzetet teremtett a házasságában, mint ami a szüleinek volt – hosszan tartó, de nem túl boldog. Úgy döntött, hogy a hosszútávú házasság jó dolog, majd megpróbálta létrehozni ezt a valóságot – mindenáron.

Annak érdekében, hogy helyénvalóvá tegyünk valamit, ami nem az, mindenhonnan összeszedett bizonyítékkal támasztjuk alá, hogy bebizonyítsuk a nézőpontunk helyességét. A bizonyító kitalációk érdekes nézőpontok, amik demonstrálják az életed korlátozásainak helytállóságát. Minden korlátozás az életedben bizonyító kitaláción alapszik. Egytől egyig.

Az egyik dolog, amit mindennél jobban szeretnénk, hogy ragaszkodhassunk a nézőpontunk helyességéhez, még akkor is, ha az nem működik nekünk. A bizonyító kitalációk dinamikusabbak, összeszűkítőbbek, intenzívebbek és korlátozóbbak, mint bármi más a létezésünkben. Ha van olyan terület, ahol az életed nem változik úgy, ahogy szeretnéd, ott rendelkezel egy bizonyító kitalációval – vagy egy pár millióval –, ami ezt a helyén tartja.

Ha van olyan életterületed, ami látszólag nem képes változni, tedd fel a kérdést: „Hány bizonyító kitalációval rendelkezem, ami ezt a helyén tartja?", majd használd a tisztító mondatot: „Helyes, helytelen, jó, rossz, POD, POC, mind a 9, rövidek, fiúk, POVAD-ok és túlontúl." Nem szükséges keresni a választ. A kérdés felhozza az energiát, majd a tisztító mondat egyenesen a teremtés pontjába megy, ahol megalkottad a bizonyító kitalációt, avagy a pusztítás pontjába, ahol elpusztítottad az éberséged vagy tudatosságod egy részét, hogy helyén tarts egy korlátolt nézőpontot, majd eltörli ezeket, hogy legyen más lehetőséged. Nem számít, hogy a teremtés vagy a pusztítás pontja múlt héten volt vagy százmillió évvel ezelőtt. A tisztító mondat elvisz az első pontba, ahol ez megtörtént és eltörli a döntésedet. Ez energetikailag történik, amikor a kérdést és a tisztító mondatot használod.

További információt a könyv végében találsz a tisztító mondatról, de nem szükséges értened ahhoz, hogy működjön. Ha eljutsz egy olyan pontra, ahol valóban érdekel, hogy tudd, miről is szól, odalapozhatsz vagy elmehetsz egy Access tanfolyamra és megkérhetsz valakit, hogy magyarázza el neked.

Konfliktusos univerzumok

Rengeteg ember utálja a pénzt – és lehet, hogy te is egy vagy közülük. Ha nincs túl sok pénz az életedben, esélyes, hogy utálod a pénzt. Ha hajlandó lennél szeretni a pénzt, valószínűleg sokkal több lenne neked, és sokkal könnyebb dolgod lenne az életben.

Mondták neked gyerekként, hogy a pénz szeretete minden rossznak a gyökere? Te pedig nem akarsz gonosz lenni? Viszont szeretnél több pénzt? Ez egy jó kis találós kérdés, nem? Ez az, amit mi konfliktusos univerzumnak nevezünk, konfliktusos valóságnak vagy konfliktusos paradigmának.

Mindent, amit azért tettél, hogy egy kalap alá vedd a pénzt a gonosszal, a gonoszságot a pénzzel, valamint minden módot, amit próbáltál, hogy ne legyél gonosz, hogy biztosítsd, hogy ne legyen pénzed, elpusztítod és nemteremtetté teszed mindezt? Helyes, helytelen, jó, rossz, POD, POC, mind a 9, rövidek, fiúk, POVAD-ok és túlontúl.

Csupán csak annyit kell tenned a kérdéssel, hogy: „Elpusztítod és nemteremtetté teszed mindezt?", hogy igent mondasz rá – csak győződj meg róla, hogy az igen valóban egy igen. Sok ember mondja azt, hogy igen, miközben az egy nem. A változás folyamatát az kezdi el, hogy hajlandó vagy arra, hogy megváltoztasd. Majd mondd el a tisztító mondatot, ami energetikailag eltörli a korlátozásaidat.

Döntések, ítéletek, számítások és kikövetkeztetések (DISZK-ek)

Eldöntötted, miből lesz – vagy nem lesz – pénzed? Eldöntötted, mi jó – és mi nem? Van egy elég nagy probléma azzal, ha döntéseket, ítéleteket, számításokat és kikövetkeztetéseket (DISZK-eket) hozol létre. Bármilyen döntés, ítélet, számítás vagy kikövetkeztetés korlátozni fogja azt, amivel rendelkezhetsz.

Bármikor, amikor döntesz, ítélsz, számítasz vagy kikövetkeztetsz, be kell „bizonyítanod" annak helyességét. Tegyük fel, hogy keményen dolgozol, hogy elérj valamit, például egy új üzletet. Eljutsz oda, ahol azt gondolod, minden úgy lesz, ahogy elképzelted – aztán mégsem. Arra a következtetésre jutsz, hogy: „Ez nem jött össze".

Amikor kikövetkezteted, hogy „Ez nem jött össze", azzal megállítod az energiát, amivel generáltad azt, amivel rendelkezni szerettél volna, és így újra kell kezdened, fel kell építened valami mást. Amikor pedig az sem lesz gyümölcsöző, ismét eldöntöd, hogy „Ez nem jött össze", és a körforgás megint kezdődik elölről. Az „Ez nem jött össze" egy DISZK. Megállítja az energiát. Kikövetkeztetésre jutottál, így csak ez tud megjelenni. Minden, amit addig generáltál, darabjaira hullik, és egy folyamatos teremtés-pusztítás körforgásba zár.

Ahelyett, hogy az „Ez nem jött össze" DISZK-jét hajtogatod, fel kell tenned egy kérdést. Mondd, hogy: „Hm, ez nem úgy sült el, ahogy szerettem volna. Mi más lehetséges még?" Kérdésben kell élned ahelyett, hogy olyan DISZK-eket hozol létre, mint például: „Ura vagyok a helyzetnek" vagy „Ez a helyes választás" vagy „Ez már csak ilyen".

Sokan azt választjuk, ami ismerősnek vagy kényelmesnek tűnik. Azonban ha csak azt választod, ami kényelmes vagy ismerős, tíz év múlva is ugyanazt az eredményt fogod elérni, amit mindig. Továbbra is azokat a dolgokat fogod választani, amit mindig, és ugyanazokat az eredményeket fogod elérni, amit mindig. Mi lenne, ha hajlandó lennél kilépni a komfortzónádból? A DISZK-ek hozzájárulnak a komfortzónád létrehozásához, amiből működsz. Sajnálatos módon ezek a DISZK-ek óriási korlátozást teremtenek az életedben a pénz körül is.

Az az érdekes Richard Bransonban, hogy sosem jut kikövetkeztetésre. Amikor valami nem úgy történik, ahogy szeretné, azt kérdezi: „Mit tehetek másképp, ami más eredményt hoz?" A hajlandóság, hogy ránézzünk, mi mást teremthetünk és mi mást tehetünk, ami más eredményt hoz, benne tart a pénzteremtés és a pénzbirtoklás felé mozdulásban.

Hány döntésed, ítéleted, számításod és kikövetkeztetésed (DISZK-ed) van, ami korlátozza a pénz mennyiségét, amivel rendelkezhetsz az életedben? Elpusztítod és nemteremtetté teszed mindet? Helyes, helytelen, jó, rossz, POD, POC, mind a 9, rövidek, fiúk, POVAD-ok és túlontúl.

A döntések igazsággá formálása. Az egyik tanfolyamunkon egy olyan hölggyel dolgoztunk, aki azt hajtogatta: „Rohadtul szegény vagyok."

Azt kérdeztem tőle: „Milyen kérdés ez?"

Ahogy beszélgettünk, feltűnt neki, hogy egy olyan döntésből élte az életét, amit próbált igazsággá formálni. A „rohadtul szegény vagyok" nem egy igazság! Ez egy rossz döntés. A hölgy pedig mindenáron igazságot akart formálni a döntéséből.

Igazsággá formáltad a döntésedet a pénzügyi helyzetedről? Mindent, ami ez, elpusztítod és nemteremtetté teszed? Helyes, helytelen, jó, rossz, POD, POC, mind a 9, rövidek, fiúk, POVAD-ok és túlontúl.

Egy másik hölgy azt kérdezte tőlem egy előadás során: „Segítenél valamivel, amit nem értek? Miután elkezdtem Access tanfolyamokra járni tavaly, több pénzt kerestem, könnyedebben, mint valaha az életemben. Kidobtam az ablakon pár korlátozást, azután pedig rengeteg pénzt kezdtem generálni. Majd hirtelen minden satuféket nyomott, és puff – nincs több pénz. Nem értem, mi történt."

A beszélgetésünk során felismerte, hogy eldöntötte: „Oké, végre megvan. Tudom, hogyan kell ezt csinálni."

Amint azt gondolod, hogy: „Megvan", megállítod az energiaáramlást és a bevételt. Miért van ez? Mert megállítottad az energiát, ami azt generálta, ami lehetséges volt. Eleinte elkötelezte magát, hogy generálja a pénz energiáját és kérdéseket tett fel, majd úgy döntött, hogy „megvan neki". Van abban kérdés, hogy: „Megvan"? Nincs. A „Megvan" invitálja az univerzum energiáját, hogy segítsen neked? Nem. Ez egy döntés. Azt mondod vele az univerzumnak, hogy többé nincs szükséged a hozzájárulására. Ha nem vagy hajlandó kérdéseket feltenni, az univerzum nem tud támogatni, de amikor kérdésben élsz, az univerzum gondoskodik rólad.

A kérdőjeles kijelentések a DISZK-ek egy újabb alfajai. Valójában ezek nem kérdések. Olykor az emberek kikövetkeztetnek valamit, majd úgy formálják a következtetésüket, mintha kérdés lenne. Ám a kijelentés még akkor is kijelentés marad, ha kérdőjelet teszel a végére.

Az egyik tanfolyamunk után egy hölgynek fejfájása volt és arra a kikövetkeztetésre jutott, hogy a fejfájás a tanfolyam eredménye. Azt kérdezte: „Mi a baj, amitől fáj a fejem?" Ez kérdés? Nem. Ez egy kijelentés, kérdőjellel a végén. Amint belementünk, mi zajlik a világában, rájött, hogy csak lazítania kellett és megmozdítania a testét. Látta, hogy a testének könnyedségre volt szüksége és szeretett volna úszni menni, de még csak el sem gondolkozott ezen, mert eldöntötte, hogy valami baj van. Kikövetkeztetett. Nem tett fel kérdést. Nem érdeklődte meg, hogy: „Test, mire van szükséged?" A tested egy érzékelő organizmus. Az a feladata, hogy információt adjon neked. Amikor anélkül jutsz kikövetkeztetésre a testeddel, hogy megkérdeznéd, mire van szüksége, a fejfájás vagy bármilyen információ, amit kapsz tőle az érzeteid által, fel fog erősödni. Az érzeteid egyre durvábbak lesznek, ahogy a tested megpróbál információt adni arról, mire van szüksége. Amikor valami folyamatosan egyre rosszabb lesz, az azt jelenti, hogy létrehoztál egy DISZK-et vagy egy bizonyító kitalációt. Menj és csináld vissza a tisztító mondat használatával, majd kezdj el kérdéseket feltenni. Amikor bajom van a testemmel, megkérdezem: „Test, mire van szükséged?" Kezdem a vízzel, cukorral és sóval. Ha azt mondja, „vízre", megkérdezem: „Meg szeretnéd inni? Úszni szeretnél benne? El szeretnél merülni benne? Zuhanyozni szeretnél?" A testem mindig elmondja, mire van szüksége – ha felteszek neki egy kérdést.

Problémák, amik nem hozzád tartoznak

Olykor magunkra veszünk olyan problémákat, amik nem is a mieink, és mindent megteszünk azért, hogy megpróbáljuk kezelni őket. Működik? Tudjuk kezelni őket? Nem! A probléma nem hozzánk tartozik. Amikor Dain nagyjából tizenhárom éves volt, megpróbálta kezelni a „saját" pénzproblémáit. Évekkel később, mikor elkezdett Access-ezni, felfedezte, hogy amit a saját pénzproblémájának gondolt, nem is volt az övé. Nem hozzá tartozott. Az apjáé volt. Az édesapjának volt egy szétesőfélben levő üzlete, így hát az apja pénzproblémái a család pénzproblémáivá váltak, Dain pedig próbálta kezelni azt, mintha a saját problémája lett volna. Dain azt gondolta, kudarcot vallott a pénzzel. Másként szólva, magára vette az apja nézőpontját a pénzről, ami arról szólt, hogy az élet arról a pénzről szól, amit nem kerestél meg és amivel nem rendelkeztél.

Dain bevette a „kudarc a pénzzel" nézőpontot, ami nem az övé volt, és belevitte a saját életébe, azt gondolva, hogy nincs érzéke a pénzhez – és pontosan ezt teremtette. Még a barátnője is folyamatosan azt mondta neki, hogy csődtömeg a pénzzel. Amikor éber lett rá, hogy az apja pénzproblémája nem az övé volt, és elkezdte használni a tisztító mondatot, a pénzügyi univerzumában minden drámai változásnak indult. Miután pedig otthagyta azt a barátnőjét, aki meg volt róla győződve, hogy reménytelen a pénzzel, Dain elkezdett könnyedén pénzt keresni. Több pénzt keresett a következő három hónapban, mint az azt megelőző három évben.

Az emberek folyamatosan vesznek át olyan nézőpontokat, amik nem az övék. Próbáltad már – sikertelenül – kezelni a családod pénzproblémáját vagy valamely más gondját? Azt feltételezted, hogy ez a te problémád kell legyen? Átvetted a saját problémádként, hogy legyen mit megoldanod – mert jó problémamegoldó vagy? Azért nem tudtad megoldani, mert sosem volt a tiéd. Még most sem a tiéd. Sosem lesz a tiéd. De vannak bizonyító kitalációid hozzá, hogy a sajátoddá tedd. Mennyi bizonyító kitalációd és DISZK-ed van, hogy a „saját" problémádat – a problémát, amivel nem rendelkezel, ami valójában valaki másé – egy olyan problémává tedd, amit próbálsz megoldani?

Próbálod kezelni a családod problémáit gyerekkorod óta? Hány évesen kezdted kezelni a családod pénzproblémáit? Mindent, amit azért tettél, hogy létrehozd ennek a bizonyító kitalációit és DISZK-jeit, elpusztítod és nemteremtetté teszed mindezt? Helyes, helytelen, jó, rossz, POD, POC, mind a 9, rövidek, fiúk, POVAD-ok és túlontúl.

Kihez tartozik ez? Nemcsak magunkra vesszük más emberek problémáit, de magunkra vesszük a gondolataikat, érzéseiket és érzelmeiket is, és félreazonosítjuk őket a sajátunkként. Konkrétan a „saját" gondolataid, érzéseid és érzelmeid kilencvennyolc százaléka nem tartozik hozzád. Mindenki máshoz tartoznak körülötted. Egy gigantikus médiumi rádióvevő vagy.

Dain egy nap reggelinél ült a távkonferenciája előtt. Hirtelen elkezdte kétségbeesetten érezni magát. Keresni kezdte az emailt a távkonferencia számával és a többi információval, amire szüksége volt ahhoz, hogy megcsinálja a hívást. Egyre csak fokozódott az érzése. „Hol van? Hol van?" Hirtelen megállt és azt mondta: „Azta, én nem vagyok ilyen. Én nem esek így kétségbe. Oké, kihez tartozik ez?" A kétségbeesése azonnal könnyeddé vált és eltűnt. Nem az övé volt.

Minden alkalommal, amikor érzed, hogy belemész egy érzelembe, gondolatba vagy érzésbe, tedd fel a kérdést: „Kihez tartozik ez?" Ha nem a tiéd, azonnal könnyebbé fog válni. Tartozhat a szomszédodhoz az utca végén vagy valakihez, aki elsétált a lakásod előtt. Nem kell tudnod, kihez tartozik; csak küldd vissza a feladónak.

Használd ezt az eszközt minden egyes alkalommal, amikor észreveszed, hogy egy korlátozott nézőpontod van a pénzről: „Nincs elég pénz", „Nehéz elég pénzt keresni", „Sose lesz meg a tökéletes munka" vagy bármi egyéb őrült, korlátozott gondolatod van a pénzről. Van, aki szereti háromszor feltenni a kérdést. „Kihez tartozik ez? Kihez tartozik ez? Kihez tartozik ez?" Azt is megkérdezheted: „Ez az enyém vagy valaki másé?" Ha kicsit is könnyedebbé válik, nem a tiéd. Ha nehéz, tedd fel a kérdést: „Mivel hoztam ezt létre?" vagy „Bevettem a sajátomként, miközben nem az?" Ha ez a helyzet, használd a tisztító mondatot.

Dainnek nagyszerű példája van erre. Azt mesélte: „Volt egy nagyon jó barátom, aki adott nekem valamit ajándékba, és egy fél másodperc erejéig, miután átadta nekem, azt gondoltam:'Azért adja ezt nekem, hogy kontrolláljon. Később ellenem fogja használni.'" Ott ültem azzal a csodás ajándékkal, amit nekem adott, és nagyon elnehezültem.

„Aztán hirtelen eszembe jutott, hogy amikor valami elnehezít, az egy hazugság. Az igazság mindig könnyedséggel tölt el. Azt mondtam: 'Várjunk csak egy percet! Kihez tartozik ez?' és azonnal könnyedebbé vált. Használtam a tisztító mondatot és még könnyebb lett.

„Aztán három hónappal később végre rájöttem:'Ó! Ezt apámtól vettem be.' Édesapám egy féltékeny ember, aki mindig azt gondolta, az emberek be akarják csapni. Annyira régen vettem be tőle ezt a nézőpontot, és olyan régóta volt ez része a világomnak, hogy az enyémnek tűnt."
Attól a pillanattól kezdve, hogy megérkezel, te, lényként, elképesztően éber vagy. Körbenézel és azt gondolod: „Hé, ez a hely egész jónak tűnik. Meglátjuk, hogy milyen lesz." Mindent megnézel. Megnézed az embereket, és érzékelsz és fogadsz mindent, mindenkiről, és mivel a szüleid körül vagy a legtöbbet, az ő gondolataikat, érzéseiket, érzelmeiket és nem-szex nézőpontjaikat szeded össze, végül pedig beveszed ezeket a sajátodként.

Amikor egy nem-szex nézőpontról beszélünk, nem a közösülésről van szó, amiről a legtöbb ember gondolja, hogy a szex jelentése. Az Access nézőpontjából a szex az, ahogyan azokon a napokon érzed magad, amikor minden jól megy és nagyszerűen érzed magad. Van egy kifejezett energiája ennek. Tudod, hogy jól nézel ki, mindenki más is tudja, hogy jól nézel ki, és riszálod magad. Feltűnt, hogy ezeken a napokon sokkal inkább hajlandó vagy mindenkitől befogadni magad körül? Nos, a nem-szex ennek a teljes ellenkezője. A nem-szex más szóval nem-befogadás.

Még akkor is, ha eldöntötted, hogy nem akarsz a szüleiddé válni, észrevetted, hogy hozzájuk nagyon hasonló pénzügyi helyzetet teremtesz? Tudod, miért van ez? Mert gyerekként, jóval azelőtt, hogy értetted volna, mi az a pénz, bevetted a gondolataikat, érzéseiket, érzelmeiket és nem-szex (nem-befogadás) nézőpontjukat, és azóta is ezekből működsz.

A következő héten minden alkalommal, amikor nézőpontod van a pénzről, tedd fel a kérdést: „Kihez tartozik ez?"

Azt is megkérdezheted: „Ez az enyém, vagy valaki másé?" Ha könnyedebbé válik, küldd vissza a feladónak.

Ha elnehezül, vagy kikönnyül, majd elnehezedik, tedd fel a kérdést: „Mivel teremtettem ezt?" vagy „Bevettem ezt a sajátomként, miközben nem is az?"

Mindent, ami ez, elpusztítod és nemteremtetté teszed és visszaküldöd a feladónak tudatossággal csatolva? Helyes, helytelen, jó, rossz, POD, POC, mind a 9, rövidek, fiúk, POVAD-ok és túlontúl.

Amikor ezeket a kérdéseket használod, elkezdesz másképp látni dolgokat az életedben. Elkezded észrevenni azokat a helyeket, ahol korlátozott nézőpontjaid vannak a pénzről, és elkezded meglátni azokat a helyeket, ahol egy kiterjedő nézőpontod van. Elkezdesz kifejleszteni egy más világszemléletet, és mivel a nézőpontod generálja a valóságodat, elkezdesz valami teljesen mást generálni az életedben.

A jólét generálásának négy eleme

A jólét generálásának négy eleme van:

1. Légy hajlandó birtokolni a pénzt

2. Generáld a pénzt – ne próbáld meg teremteni

3. Képezd magad a pénzről és a pénzügyekről

4. Fejleszd ki a nemeslelkűséget

Ahhoz, hogy valóban tudatosságod legyen a pénzzel és jólétet generálj, hajlandónak kell lenned birtokolni a pénzt, képesnek kell lenned generálnod a pénzt, képezned kell magad a pénzről és intézményesítened kell a nemeslelkűséget az életedbe. Ez a négy dolog lehetővé teszi, hogy meglegyen az a jóléted, amit szeretnél. A következő oldalakon egyesével kifejtjük ezeket az elemeket, és számtalan kérdést és további eszközöket kínálunk, amit a jólét generálásáért használhatsz az életedben.

A jólét generálásának első eleme

LÉGY HAJLANDÓ BIRTOKOLNI A PÉNZT

Pénzt birtokolni kontra pénzt szerezni, pénzt spórolni kontra pénzt költeni

Imádsz spórolni? Én szeretek spórolni. Az exfeleségem is szeretett spórolni. Amikor hazajött, azt mondta: „Szívem, spóroltam ma magunknak 2000 dollárt."

„Valóban? Azt hogy sikerült?"
„Vettem egy ruhát 800 dollárért, ami 2800-ról volt leértékelve."

Az exfeleségemhez hasonlóan sokan félreértik és félrealkalmazzák a spórolás elképzelését. Azt gondolják, a spórolás azt jelenti, hogy leárazva veszel valamit. Sajnálom, de ez költés. Mi lenne, ha ránéznénk, mennyi pénzt költöttél? Simone barátunk kiskereskedelemben dolgozott. Azt mondta, amikor el akartak adni egy 80 dolláros terméket, 350 dollárt írtak a címkére, áthúzták a 350-et, 250-et írtak rá, majd áthúzták és 150-et írtak rá, amit szintén áthúztak, majd ráírták a 80 dollárt. Az emberek bementek az üzletbe, meglátták a címkét, és azt mondták: „Azta, nézd ezt a 350 dolláros dzsekit 80-ért! Meg fogom venni." „Spóroltak" 270 dollárt.

Más pénzt birtokolni, mint pénzt szerezni, pénzt költeni vagy pénzt spórolni. A pénz birtoklása a létezés egy módja a világban. Ez egy olyan energiaszint, ami olyan érzést ad, hogy nincs hiány az életedben. Benne van a „van választás" érzete. Nincs az az érzésed, hogy pénzt kell szerezned. A pénzszerzés mindig a hiány érzetéből jön. „Nem engedhetem meg magamnak ezt. Szükségem van erre. Nem kaphatom ezt meg. Ez nem lehet az enyém." Akárhányszor a pénzszerzésre gondolsz, arra fókuszálsz, hogy „nincs elég". Abból az elképzelésből működsz, hogy nincs elég – szóval többet kell szerezned.

A pénz birtoklása azt jelenti, hogy nem a szűkösség állapotának érzetéből működsz. Amikor hajlandó vagy birtokolni a pénzt, mindenféle különösebb erőfeszítés nélkül képes vagy generálni azt. Van egy barátunk, aki kiváló példa erre. Jómódú családból származik, és sosem volt az a nézőpontja, hogy ne lehetne pénze. Tulajdonképpen teljes mértékben hajlandó volt birtokolni a pénzt. Mindig rengeteg pénze volt. Olyan munkákat kapott, amik jobban fizettek, mint bárki másé. Egy igencsak vagyonos férfihez ment hozzá, és még ma is rengeteg pénze van. Miért van ez? Mert nincs semmilyen nézőpontja arról, hogy ne lenne pénze. Épp ellenkezőleg, lehet pénze.

Észrevetted, hogy azok az emberek, akiknek van pénze, mindig több pénzre tesznek szert? Miért van ez? Mert a barátunkhoz hasonlóan hajlandóak birtokolni a pénzt; szeretik a pénzt. Rezgésben kompatibilisek a pénzzel és a rezgésük vonzó a pénz számára, így a pénz hozzájuk megy. A pénz megtalálja azokat a dolgokat, amik vonzzák, a legvonzóbb dolog a szemében pedig az, ha hajlandó vagy rendelkezni vele. Ha nem vagy hajlandó pénzt birtokolni, nem lesz pénzed. Folyton látom, ahogy emberek azt mondogatják: „Pénzt akarok költeni." Fogalmuk sincs róla, mit jelent pénzt birtokolni.

Néhány ember állandóan pénzt költ. Állandóan csak költenek és költenek, és képzeld csak... nincs semmi pénzük! Mindet elköltötték. Amikor jobban szeretsz pénzt költeni, mint pénzt birtokolni, nem lesz pénzed. Esélyes, hogy ha állandóan költekezel, akkor valójában utálod a pénzt. Azok, akik valóban szeretik a pénzt, hajlandóak birtokolni és költeni. A legtöbben az azonnali kielégülés korában nőttünk fel, és az azonnali kielégülés megszállottjai vagyunk. Amikor akarunk valamit, elvárjuk, hogy azonnal meglegyen. Ezzel önmagában semmi gond nincsen, egyszerűen csak megnehezíti a pénz birtoklását.

Vannak, akik arról panaszkodnak, hogy spórolniuk kell. Azt mondják: „Olyan, mintha a spórolás rabszolgája lennék", vagy: „A spórolás nem jó móka". Amikor ezt hallom, mindig megkérdezem: „Nos, mi a helyzet azzal, amikor keményen dolgozol, hogy megszerezd a pénzt, ami ahhoz kell, hogy kifizess mindent, amit múlt hónapban vettél? Akkor rabszolga vagy?" Igen, az. Erre valók a hitelkártyák, hogy megvehesd azt, amit akarsz, amikor akarod, és később fizess érte. Feltűnik, hogy az életedért fizetsz – később? Az a helyzet, hogy több pénzed kell legyen, mint amennyit el tudsz költeni, mielőtt annyi pénzt költhetnél, amennyit csak szeretnél. A legtöbben még nem tartunk itt – de van rá mód, hogy eljussunk ide. Az első dolog, amit meg kell tenned, hogy tizedet fizetsz önmagad egyházának.

Tizedelj önmagad egyházának

Ha meg akarod változtatni a pénzügyi állapotodat, el kell sajátítanod a hajlandóságot arra, hogy birtokold a pénzt. Nagyon fontos, hogy tegyél félre elég megtakarítást, hogy hat hónapig bármilyen bevétel nélkül működni tudj az életedben. Ez az egyik kezdeti célod, hogy fedezni tudd a kiadásaidat hat hónapig anélkül, hogy dolgoznál. Tedd a pénzt a bankba vagy a matracodba, vagy bárhova is akarod tenni, de alakítsd úgy az életed, hogy elérhető legyen számodra ez az összeg. Amint ez megvan, többé nem fogsz a lakbér, a közüzemi számlák és a havi kiadásaid miatt aggódni, és elkezdesz többet generálni az életedben. Amikor ez nincs meg, hajlamos vagy arra fókuszálni, hogy: „Nincs elég pénzem".

Hogyan tegyél félre elég pénzt, hogy fedezd a kiadásaidat hat hónapig? Azáltal, hogy tizedet fizetsz önmagad egyházának. Tedd félre minden egyes bejövő dollár tíz százalékát, és helyezd egy megtakarítási számlára magadnak. Vannak, akik azt tanítják, hogy először az egyházadnak kell tizedet fizetni, aztán tíz százalék erre, tíz százalék arra, majd elrakod a tíz százalékot magadnak. Nem. Először magadnak tizedelsz. Önmagad egyházának tizedelni önmagad megbecsülése. Ez arról szól, hogy megköszönöd magadnak, amit generáltál és teremtettél. Majd befizeted a számláidat. Ha hat hónapig csinálod ezt, az egész anyagi helyzeted elkezd megváltozni. A tíz százalék elkezd növekedni, amíg annyira nagy összeg nem lesz belőle, hogy már nem gondolsz a pénzre; csak generálod. Az emberek, akiknek nincs pénze, nagy hangsúlyt helyeznek rá. Azt mondják: „Pénzt kell szereznem", de amikor már van pénzed, nem gondolsz rá többet.

Van egy bizonyos mennyiségű pénz, amit felhalmozol azáltal, hogy félreteszed a tíz százalékodat – nem biztos, hogy tudod, mennyi az annyi –, de amint eléred, a pénzzel kapcsolatos minden stressz és figyelem elpárolog. Dainnek ez kezdetben 50.000 dollár volt. Amikor megtakarított 50.000

dollárt a tíz százalékokból, hirtelen ellazultnak érezte magát a pénzzel. Anélkül, hogy felismerte volna, eldöntötte: „Ha egyszer lesz 50.000 dollárom, rendben leszek." Mindenkinek van egy ilyen összege. A pénz, amit önmagad egyházának fizetsz tizedként, éberséget ad neked arról, milyen birtokolni a pénzt. Amikor eljutsz erre a pontra, bármi is legyen ez neked, a stressz leválik a pénzről és még többet generálsz nagyszerű könnyedséggel. Ez arról szól, hogy elkezdj új módokon kapcsolódni a pénzzel és az életeddel energetikailag, ami teljesen új lehetőségeket nyit számodra.

Egyszer egy nő azt mondta nekem: „Olykor dühös leszek, mert koncentrálnom kell a pénzre. Nem lehetne, hogy az egész pénz-dolgot csak kikerüljem és megkapjam, amire szükségem van?"

Azt kérdeztem: „Jutsz levegőhöz anélkül, hogy lélegeznél?"

„Nem."

„Ugyanez érvényes a pénzre. A pénz olyan, mint a levegő; bemegy, kimegy. Amikor belélegzed a levegőt, egy része a véráramodban marad. De amikor a pénz áramlik be, az összestől megszabadulsz. Nem tartod magadban egy részét sem, ez pedig egy nagy hiba." Csökkentheted a figyelmet, amit a pénznek szentelsz azáltal, hogy félreteszed a tíz százalékot. Azok az emberek, akiknek pénze van, nem gondolnak a pénzre, de emlékeznek rá, hogy mélyen belélegezzék a pénzt, amivel rendelkeznek.

A bevételed bruttó tíz százalékát takarítsd meg – ne a nettóját. Ha 100 dollár jön be, tegyél félre 10-et, bármi is történjék. Ez fontos, mivel mindig csalhatsz a bruttó és nettón, hogy ne a teljes tíz százalékot kelljen félretenned. Ezt kreatív könyvelésnek hívják, ne kezdj kreatív könyvelésbe. Tedd félre a teljes tíz százalékát minden dollárnak, ami befolyik. A pénzt, amit önmagad egyházának tizedelsz, ne fektesd részvényekbe vagy bármibe, ami illékony. Készpénzzé tehető vagyontárgy kell legyen: dollár, arany vagy ezüst – valami, amit azonnal el tudsz adni. Legyen mozgatható.

Azt kérdezik az emberek, hogy elkölthetik-e a kamatot, amit azon a pénzen keresnek. Azt mondom: „Persze, elkölthetek, ha megőrültél." Elkölthetek a kamatot, ha szeretnéd, de ez nem a hajlandóságot demonstrálja, hogy pénzt birtokolj. Ez csak a pénzköltésről szól. Ha jobban érdekel, mit költhetsz el, mint hogy mit birtokolhatsz, nem fogsz masszív pénzösszegeket generálni. A kérdés az, hogy hol szeretnél lenni az életed végén?

Az emberek azt is kérdezik, használhatják-e a tíz százalékukat arra, hogy megvegyék, amit akarnak. A válasz: nem. Ez egy hibás szemlélet. Ahelyett, hogy elköltenéd, amit megtakarítottál, fel kell tenned a kérdést: „Mi mást adhatok hozzá az életemhez?" Máskülönben beleragadsz abba a régi nézőpontba, hogy: „Csak ennyim van."

Egy férfi az egyik tanfolyamunkon azt mondta nekem: „Ha eldöntöm, hogy félre kell tennem a hónapban a tíz százalékot, ahogy mondtad, majd meglátok valamit, amit akarok, de nincs rá pénzem, mit kell tennem? Például ha szeretnék egy Access Siker kurzust. Mi fontosabb számomra? A tíz százalék egy absztrakt dolog. Nem tudom, mit jelent. A továbbképzés viszont előnyös számomra – vagy jó móka –, tehát mit tegyek? Nehezen igazodom ki ezen."

Azt mondtam neki: „A tíz százalék arról szól, hogy először önmagadat becsülöd meg. Ne költsd el a tíz százalékodat Access tanfolyamokra, helyette tedd fel a kérdést: „Mit adhatok hozzá az életemhez, hogy több pénzt teremtsek, hogy kifizethessem ezt az Access kurzust?" Hozzá akarj adni az életedhez, hogy még több pénzt generálj, ne pedig elvegyél a megtakarításodból, amit azért nyitottál, hogy megbecsüld önmagad. Nem fogsz többet kapni, ha elveszel abból, amivel rendelkezel.

Tegyél félre tíz százalékot abból, ami beáramlik az üzletedbe

Ha van egy üzleted, ajánljuk, hogy tedd félre a tíz százalékát annak is, ami az üzletedbe folyik be. Még akkor is, ha mínuszban van az üzleted, és tartozásaid vannak, amiket ki kell fizetned – és teljesen lehetetlennek tűnik, hogy félretedd a tíz százalékot –, akkor is tedd meg. Jártam már így én is. Mínuszban volt a vállalkozásom, és elkezdtem félretenni minden egyes bejövő dollárnak a tíz százalékát. Kölcsönkértem pénzt, hogy vihessem tovább az üzletet, de a kölcsönvett pénznek is megtakarításba tettem a tíz százalékát. És nagyjából hat hónap múlva minden elkezdett megváltozni. Miért működött? Fogd annak az energiáját, hogy „az üzletem mínuszban van", most pedig vedd azt, hogy: „Van x összegű pénz az üzleti megtakarítási számlámon". Melyik energia generatívabb?

Amikor kezdtem, 10.000 dollárra volt szükségem ahhoz, hogy az üzletem működjön, így hát kölcsönkértem 8.000-et és megpróbáltam megkeresni a maradékot. Ez nem teremtette a legjobb energiát. Végül okosabbá váltam és 50.000-et kértem kölcsön. Ez beindította az üzletem. Volt egy menetrend, ami szerint öt év alatt visszafizetem, a hitelezőknek pedig magasabb kamatot ajánlottam, mint amit bárhol máshol kaphattak volna, így hát meggyőződtem róla, hogy a törlesztés legyen az első, amit rendezek – persze miután félreraktam a tíz százalékot!

Hordj magadnál pénzt a zsebedben

Az önmagad egyházának tizedfizetésén felül rengeteg pénzt kell hordanod magadnál a zsebedben. Amikor pénzt hordasz magadnál és nem költöd el, attól vagyonosnak érzed magad. Úgy érzed, van pénzed. Ezután pedig még több pénz tud megjelenni az életedben, mert azt mondod ezzel az univerzumnak, hogy bőségben vagy.

Találj ki egy pénzösszeget, amit te, gazdag emberként mindig magadnál hordasz. Bármi is legyen az összeg – 500, 1000 vagy 1500 dollár – mindig hordd magadnál a pénztárcádban. Ez alatt nem azt értjük, hogy legyen nálad egy arany hitelkártya, az nem fog működni. A műanyag nem készpénz. Készpénzt kell hordanod a zsebedben, mert ez arról szól, hogy felismerd a vagyonosságodat.

Nálam mindig van két aranyérme. Darabonként 843 dollárt érnek, így hát mindig van a zsebemben 1686 dollár. Mindig tudom, hogy van pénzem. Vannak, akik nem szeretnek pénzt hordani maguknál, mert attól félnek, hogy kirabolják őket. Azt mondom nekik: „Amikor nem figyelsz, kirabolhatnak. Amikor azonban egy jelentős összeget cipelsz magaddal, sokkal éberebb leszel rá, mi zajlik körülötted, és nem fognak kirabolni." Ha állandóan készpénzt hordasz magadnál, nem engedheted meg magadnak a tudatlanság hülyeségét, ami lehetővé teszi, hogy kiraboljanak. Mindig éber leszel. Azt fogod mondani: „Van nálam olyan cucc, ami nagyon sokat ér."

Egy nő egyszer azt mondta nekem: „Egyszer elutaztam, de nem vittem magammal a valódi ékszereimet, mert a város egy nagyon rossz szegletében szálltam meg, és nem akartam esélyt adni neki, hogy lenyúlják." Azt mondtam: „Szivi, amikor a város rossz részén vagy, nyugodtan hordd a valódi ékszereidet. Mindenki azt fogja gondolni, hogy hamisak, hiszen nincs az az őrült, aki valódit venne fel." Persze amikor így teszel, hajlandónak kell lenned egy gyilkos energiájának is lenned – nem pedig az áldozatáé. Áldozata leszel azoknak, akik megölnének, ha nem lennél hajlandó rendelkezni egy gyilkos energiájával. Az élet következménye, vagy a generálója szeretnél lenni?

Húzd ki ezeket a szavakat a szótáradból

Amikor az emberek hozzászoknak ahhoz, hogy pénzt birtokolnak, más elképzelésük lesz az életről. Nincs hiányérzet a világukban. A birtoklás energiája része az életüknek. A nézőpontjuk az, hogy: „Nos, meglesz ez, így vagy úgy". Ilyen számukra az élet, rengeteg a pénz, a nézőpontjuk pedig az, hogy „ez az élet rendje". Továbbra is pénzt generálnak, mert mindig is volt nekik.

Azok, akiknek nincs pénze, teljesen más energiával élik az életüket, ami egy hiányérzeten alapul, és olyan szavakat használnak, amik kifejezik, hogy nincs nekik elég. Ha szeretnél meggazdagodni, javasoljuk, hogy húzz ki hat szót a szótáradból: miért, próbál, szükség, akar, de és soha.

Gyakran halljuk, hogy az emberek azt mondják: „Megpróbálom ezt megcsinálni. Megpróbálom azt megcsinálni." Ez ahhoz vezet, hogy meg is csinálják? Általában nem. Mondd, hogy megpróbálsz felállni. Történt bármi vagy a feneked továbbra is szorosan a székhez van tapadva? Valószínűleg még mindig szorosan oda van tapadva, hiszen a próbál szó azt jelenti, hogy megkísérli, anélkül, hogy valaha is sikerrel járna.

> *Próbálod kezelni a pénzügyi helyzetedet anélkül, hogy valaha is sikerrel járnál? Mindent, ami ez, elpusztítod és nemteremtetté teszed és visszaküldöd a feladónak tudatossággal csatolva? Helyes, helytelen, jó, rossz, POD, POC, mind a 9, rövidek, fiúk, POVAD-ok és túlontúl.*

Egy másik szó, amit fontos kihúznod a szótáradból, az akar. Azok, akiknek van pénze, sose használják az akar szót. Az akar szónak huszonhét különböző definíciója van, amik egytől egyig azt jelentik, hogy „hiányzik". Csak a modern időkben kapta azt a jelentését, hogy vágyik vagy kíván, és még ez is olyasmi, amit a jövőben keresünk. Légy éber rá, hogy amikor az akar szót használod, bármit is mondasz vagy gondolsz, az megjelenik az életedben. Amikor azt mondod, hogy „több klienst akarsz", általában kevesebb lesz. Amikor azt mondod, hogy „pénzt akarsz", azzal azt mondod, hogy „hiányom van a pénzből", és ez jelenik meg az életedben.

A pénzes tanfolyamainkon megkérjük az embereket, hogy mondják el tízszer, hogy: „Nem akarok pénzt", majd megkérdezzük őket, hogy könnyedebben vagy nehezebben érzik magukat. A könnyedebb egyfajta kiterjedés és lehetőség érzetére utal, és egy nagyszerűbb tér érzetére. Gyakran még el is mosolyodsz vagy hangosan felnevetsz. A nehezebb egyfajta összehúzó érzésre utal, amikor a dolgok súlyosak és lehúznak. Egyfajta lecsökkent lehetőségérzet társul hozzá. Az igazság mindig könnyedebbé tesz, egy hazugság mindig elnehezít.

    Próbáld ki. Mondd ki tízszer, hogy: „Nem akarok pénzt".

    Nem akarok pénzt.
    Nem akarok pénzt.
    Nem akarok pénzt.
    Nem akarok pénzt.
    Nem akarok pénzt.
    Nem akarok pénzt.
    Nem akarok pénzt.
    Nem akarok pénzt.
    Nem akarok pénzt.
    Nem akarok pénzt.

    Mi történik nálad? Könnyedebbnek érzed magad vagy nehezebbnek?

    Egy férfi az egyik tanfolyamunkon megtanulta ezt az eszközt. Másnap, mielőtt egy zenekari próbára ment, elmondta tízszer, hogy: „Nem akarok pénzt". Pár órával később, amikor a próbán volt, odasétált hozzá egy fickó az együttesből, és azt mondta neki: „Haver, olyan régóta lógok neked egy százassal. Állandóan vissza akarom fizetni neked, aztán megfeledkezek róla", majd a kezébe nyomott egy 600 dolláros csekket.

    Birtokolni a pénzt nem azt jelenti, hogy el kell költened. Ez nem az adósság, amit felhalmozol, hogy bebizonyítsd, hogy van pénzed. A pénz birtoklása a hajlandóság, hogy legyen pénzed elfekvőben, mindenféle „cél" nélkül. Tudni fogod, amikor hajlandóvá váltál pénzt birtokolni – mert a birtoklása fontosabbá válik, mint az elköltése. Nem költekezel túl. Élvezed és kényelmesen élsz azzal, amid van.

Túl sok pénz?

Ha rengeteg pénzed lesz, az életedben valaminek meg kell változnia ahhoz, hogy igazodjon ehhez. Van ennek értelme? Azt kell mondanod, hogy: „Hajlandó vagyok rá, hogy az életem másképp jelenjen meg".

Dain az élete nagy részét a „pénzszerző" módban töltötte. Mindig épp csak elég pénze volt, majd egy nap valami nagyon szokatlan történt. Több mint elég pénze volt, hogy befizesse a számláit. Nagyon furcsa érzés volt számára, azt gondolta, valami baj van. A „baj" az volt, hogy a pénz körüli stressz, amivel egész életében rendelkezett, hirtelen felszívódott. Túl sok pénze volt. Az egész életét arra az elképzelésre alapozottan élte, hogy van egy bizonyos mennyiség, ami szükséges, és egy kicsit lőhetett fölé vagy alá, és ez nem okozott stresszt. Ám amikor jóval fölé ment, azt mondta: „Ááá!" „Nem tudtam, hogyan legyek többé önmagam. Nem rendelkeztem többé ugyanazokkal a paraméterekkel a létezésről, mint amikor nem volt több, mint épp elég pénzem."

Szerencsére elég Access-szel foglalkozott már ahhoz, hogy tudja, hogy fel kell tennie egy kérdést. Így szólt: „Várjunk csak egy percet, micsoda kérdés ez, hogy ááá?" Majd: „Milyen kérdést tehetnék fel, ami lehetővé tenné, hogy tisztán lássam ezt a helyzetet, és más nézőpontom legyen róla?" A kérdés az volt: „Azta, mi változott nekem, amit nem ismertem el?" Ahogy feltette ezt a kérdést, rájött, hogy épp ez volt az, amit kért, amióta elkezdte az Accesst!

Ez gyakran történik az emberekkel. Rengeteg pénzt generálnak, majd eldöntik: „Ez nem lehet igaz. Nem kellene, hogy ennyi pénzem legyen". Egy barátunk azt mesélte, hogy egy olyan klienssel dolgozott, aki túlette magát, és egy ponton azt mondta neki: „Azért eszek, hogy összeszűkítsem magam, mert túl kényelmetlen nekem, ha kiterjedve érzem magam." Így lehet ez a pénzzel is. A „túl sok" pénz kényelmetlenül kiterjedő érzés lehet, te pedig hozzászoktál a szűkösséghez. Ez gyakran fordul elő olyanokkal is, akik megnyerik a lottót. Öt éven belül a kilencvennyolc százalékuk ugyanott köt ki, ahonnan indultak, mielőtt nyertek. Miért? Mert a pénzhez és tartozáshoz kötődő stressz az, amit az életüknek hisznek. Bármi más idegen, furcsa és kényelmetlen. Nem hajlandóak a „nem elég" érzése nélkül lenni, amit normálisnak tartanak.

Mennyi bizonyító kitalációval és DISZK-kel rendelkezel, hogy létrehozd annak a pénzösszegnek a paramétereit, amit hajlandó vagy birtokolni – vagy nem birtokolni? Mindent, ami ez, elpusztítod és nemteremtetté teszed? Helyes, helytelen, jó, rossz, POD, POC, mind a 9, rövidek, fiúk, POVAD-ok és túlontúl.

Milyen energiát utasítasz vissza?

Néhányan visszautasítják a jólét energiáját azáltal, hogy megpróbálják kontrollálni a dolgokat az ítéleteikkel. Amikor először találkoztam Dainnel, kiropraktőrként dolgozott egy pici irodában. Azt mondta: „Az a kicsi iroda volt a legnagyobb tér, amit megengedhettem magamnak, valamint a legnagyobb dolog, amit még könnyedén tudtam kontrollálni." Sokan csinálunk ilyesmit. A lehető legnagyobb életet választjuk, amiről tudjuk, hogy kontrollálni tudjuk, ami azt jelenti, hogy elutasítjuk az univerzum vad, bőséges, kontrollon kívüli energiáit. Richard Branson nagyjából 300 céget birtokol, köztük a Virgin Records, Virgin Airlines, Virgin Mobile, és minden olyan cég, aminek benne van a nevében a Virgin. Szerinted az irányítása alatt áll mindez? Nem. Hajlandó kapcsolódni az üzleteihez és irányt adni nekik, de nem próbálja meg kontrollálni őket. Nagyon kicsivé kellene tennie az életét és az üzletét, ha mindent kontrollálni akarna.

Dolgoztam egy nővel, akinek rengeteg pénze volt. Új házat keresett, és egy nap, ahogy együtt kocsikáztunk, megláttam egy házat és azt kérdeztem: „Mi van azzal a házzal?"

Azt mondta: „Jaj, nem, az túl nagy. Ha túl nagy házad vagy túl sok pénzed van, nem tudod kontrollálni."

Megkérdeztem tőle: „Felfogod, mekkora korlátozás ez a nézőpont? Gyarapodott a pénzed az elmúlt tíz évben?"

„Nem. Csökkent."

A gazdaságunk legjobb évei alatt a vagyona lecsökkent. A pénzmennyiség, amivel rendelkezett, nem nőtt, mert visszautasította, hogy az az energia legyen, mint a nagy ház vagy a sok pénz. Azt gondolta, hogy azáltal, hogy visszautasítja, hogy túl nagy háza vagy túl sok pénze legyen, kontrollálhatja azt, amivel rendelkezett. Ehelyett azonban korlátozta azt, amit be tudott fogadni. Amikor visszautasítod, hogy túl nagy házad vagy túl sok pénzed legyen, van választásod? Nincsen. Az egyetlen, amit választasz, hogy nem hagyod kiterjedni az életed.

Az emberek gyakran megállítják az életükbe áramló pénz energiáját. Azt mondják: „Oké, kényelmes a pénz mennyisége, amit keresek." Mit tesz ez? Megállítja a további pénz beáramlását – és megállítja mindennek az energiáját, amit teremteni vagy generálni szeretnének.

Ha szeretnéd kitisztítani az életedbe bejövő pénz energiának akadályait, tedd fel a kérdést: „Milyen energiát utasítok el, ami távol tart attól, hogy legyen pénzem?" A kérdés felhozza az energiát, amit visszautasítasz, a tisztító mondat pedig visszacsinálja – ami lehetővé teszi a pénznek, hogy megjelenjen. Ez egy kissé különbözik a pszichológiai és metafizikai gondolkodásmódtól, ahol az a nézőpont, hogy „Ha látom, meg tudom változtatni." Nem. Rengeteg olyan dolgot láttál, ami sosem változott meg. Csak tedd fel a kérdést és használd a tisztító mondatot. Ez nem csak az éberségről szól; hanem arról is, hogy megengedd az energiának, hogy manifesztálódjon. Azért teszed fel a kérdést, hogy felhozd az energiát, majd a tisztító mondattal szabadulsz meg tőle.

> *Milyen energiát utasítasz el, ami visszatart tőle, hogy befogadd a pénzt? Mindent, ami ez, elpusztítod és nemteremtetté teszed? Helyes, helytelen, jó, rossz, POD, POC, mind a 9, rövidek, fiúk, POVAD-ok és túlontúl.*

Légy hajlandó mindent érzékelni, tudni, létezni és befogadni

Ahogy mondtuk, ha szeretnél valóban bőségben lenni és mindennel rendelkezni – beleértve a felháborító mennyiségű pénzt –, hajlandónak kell lenned mindent befogadni, továbbá mindent érzékelni, tudni és mindenként létezni az életben. Minden más ítéletből működik, ami elzár a képességedtől, hogy mindent létezz, megtegyél, birtokolj és befogadj.

Amikor ingatlanoztam, voltak klienseim, akik azt mondták: „Olyan lakást keresek, amit fel kell újítani." Így hát mutattam nekik felújítandó házakat.

Utálták ezeket a házakat, szóval mutattam nekik olyanokat, amiknek csak egy festés és egy pár új szőnyeg kellett, és csak arra koncentráltak, hogy a szőnyegek mennyire régiek és rondák. Nem láttak semmi mást a házban ezen kívül.

Azt kérdeztem: „Mi a helyzet a szerkezettel? Nézzétek a szép, magas plafont és a tágas szobákat. Nézzétek a nagyszerű ablakokat." „Milyen szerkezet?" – kérdezték. Nem is látták.

Megjegyzem, ez a ház volt minden, amit csak kértek, de nem látták ezt. Csak a ronda szőnyeget látták.

Ezt csináljuk az életünkkel. Az ítéleteink miatt nem vagyunk hajlandóak érzékelni, tudni, létezni vagy befogadni a végtelen lehetőségeket, amik elérhetőek. Nem látjuk a nagyszerű felújítandókat az életünkben. Csak a narancssárga, bolyhos szőnyeget látjuk. Amikor van valami, amit visszautasítasz érzékelni, tudni, létezni vagy befogadni, mennyi erőfeszítésedbe kerül, hogy ezt az energiát kizárd az életedből? Megatonnányiba! Hatalmas mennyiségű energiára van szükség hozzá, hogy minden ítéleted létezésben tartsd. Ám amikor elengeded ezeket az ítéleteket, az univerzum összes energiája, beleértve a pénz energiáját is, elérhető számodra.

Mit utasítasz el érzékelni, tudni, létezni vagy befogadni, ami visszatart tőle, hogy létezd, tedd vagy birtokold, amit az életedben szeretnél tudni? Mindent, ami ez, elpusztítod és nemteremtetté teszed? Helyes, helytelen, jó, rossz, POD, POC, mind a 9, rövidek, fiúk, POVAD-ok és túlontúl.

A jólét generálásának második eleme
GENERÁLJ PÉNZT

Generálás kontra teremtés

Azt tanultuk, hogy az anyag, a tér, az energia és az idő mind szükséges hozzávalók ebben a valóságban, hogy megteremtsünk valamit. Amikor ennek a valóságnak a nézőpontjából működünk, akkor anyagot, teret, energiát és időt használunk a teremtéshez. Amikor házat építesz, azt feltételezed, hogy térre van szükséged, amiben megteremted azt, vagyis egy telekre. Feltételezed, hogy időbe fog telni. Feltételezed, hogy szükséged van az anyagra, amit építőanyagnak hívnak. És feltételezed, hogy bizonyos mennyiségű munkaóra kell hozzá, azaz energia. Ezek a teremtés körforgásának elemei.

A teremtés körforgásának folyamatos energiabevitelre van szüksége, máskülönben darabjaira hullik. Pusztulásba torkollik. Tehát ha van egy házad, folyamatosan karban kell tartanod. Rendszeresen ki kell festened, megjavítanod a tetőt és lenyírnod a füvet; különben minden elkezd szétesni. És kinek kell mindezt az energiát beleraknia? Neked.

A generálás különbözik a teremtéstől. A generálás egy energia, ami folyamatosan létezésbe hozza a dolgokat. Volt már valaha olyan, hogy éppen csak gondoltál valamire és az abban a pillanatban létrejött? Vagy éppen kerestél valamit, és az azonnal felbukkant? Vagy gondoltál valakire, aki éppen akkor hívott fel? Ezek az élmények mások, mint a teremtés. Ez a generálás.

Arra bátorítunk, nézz rá, miként generálhatnál több pénzt az életedben ahelyett, hogy azt keresnéd, hogyan teremts, vagy keress többet. Annak érdekében, hogy teremts, dolgoznod kell. Használnod kell az anyagot, az energiát, a teret és az időt. Azonban amikor generálsz valamit, hozzájárulsz ahhoz, ami már eleve létezik. Ahelyett, hogy küzdenél azzal, ami már itt van, inkább használd, és menj azzal, ami többet termel. Ez a világ már meg van teremtve úgy, ahogy van. Miért próbálnád meg újra feltalálni? A generálás sokkal könnyebb, mint megpróbálni valamibe mindenáron életet lehelni. Bármikor, amikor kontextuális valóságból működsz, teremtesz, és nem generálsz.

Eltérően attól a tudományos konstrukciótól, amin ez a valóság alapul – hogy minden anyagból, energiából, térűrből és időből készül –, a generálás elemei az energia, a tér, a tudatosság és a prima materia. A prima materia az az elsődleges, elemi építő forrás, amiből az univerzum készült. Nem tartalmaz molekulákat, ez a tudatosság, ami vagyunk. Ha mi vagyunk a tudatosság, és használjuk az energiát, a teret és a tudatosságot, hogy generáljuk az életünket, akkor az életünk teressé és örömtelivé válik. Nem érezzük úgy, hogy el kell pusztítanunk azt, amink van, annak érdekében, hogy valami mást teremtsünk.

Ez azt jelenti, hogy az energia, a térűr és a tudatosság a forrásai annak, hogy bármit generálni tudjunk, amit szeretnénk az életünkben tudni. A pénzt nem kell erőből teremtenünk. Egyszerűen csak máshogy kell csinálnunk a dolgokat, hogy a pénz generálódhasson. Azt gondolod, hogy keményen meg kell dolgoznod a pénzedért? A pénz könnyű, mégis mindenki azt mondja, hogy nehéznek kell lennie, így te is egyetértesz velük, és mindenáron megnehezíted azt, hogy pénzed legyen.

Dain és én szeretnénk támogatni téged abban, hogy növeld a generálóképességed – nem pedig a teremtőképességed. Azt már tudod, hogyan teremts dolgokat. Tehát hogyan jutsz el ahhoz az energiához, térűrhöz és tudatossághoz, ami az életedet generálja? Ebben a részben adunk néhány eszközt, amit arra használhatsz, hogy olyan életet hozz létre, amilyet szeretnél a magadénak tudni.

Az életed generálása

Volt egy pont az életemben, amikor azt éreztem, mindent megtettem az életben. Azt mondtam: „Megvolt a ház, megvolt az autó, megvolt minden, és mindent elvesztettem. A fizetésképtelenség minden létező formáját megéltem, ami az emberiség számára ismert. Mindenen keresztülmentem." Tudtam, mi az a csőd, ahogy azt is, hogy ez az én választásom volt. Azt gondoltam, rendben, akkor most mitévő leszek? Fogalmam sem volt róla, mit akarok. Tudtam, mit akar a feleségem, tudtam, mit akarnak a gyerekeim, és azt is tudtam, mit akarnak a barátaim. Tehát félreraktam mindet és megkérdeztem magamtól, mit akarok én.

A legtöbbünknek az a baja, hogy a legvadabb álmainkat is túlszárnyaló médiumok vagyunk, így mindig tudjuk, mire van mindenki másnak szüksége, vagy éppen mire vágynak az életükben. A nehézség ott jön, amikor összekeverjük és hibásan félreazonosítjuk azt, amire nekik van szükségük, és amire vágynak – és azt hisszük, nekünk is erre van szükségünk, és mi is ezt akarjuk. Ahhoz, hogy ezt elkerüljük, érdemes kérdéseket feltenni.

Az én esetemben azt kérdeztem: „Hogyan szeretném, hogy kinézzen az életem?"

Azt válaszoltam: „Nos, szeretnék egy hónapban legalább két hetet utazni. Szeretnék legalább 100.000 dollárt keresni egy évben. Szeretnék érdekes emberekkel dolgozni. Szeretnék valami olyat csinálni, ami valójában megváltoztatja a világot. Olyasvalamivel szeretnék foglalkozni, ami sosem untat. Szeretném folyamatosan kiterjeszteni az életem egy részét, és mindenki másét is." Ez volt az összesítése annak, amivel elő tudtam rukkolni válaszként arra, hogy mit akarok teremteni az életemként.

Beleengedtem magam annak az energiájába vagy az érzésébe, hogy milyen lenne, ha mindez meglenne az életemben. Fogtam és magam elé helyeztem ezt az energiát és elkezdtem bele energiát húzni mindenhonnan az univerzumból. Aztán hagytam, hogy apró energianyalábok áramoljanak ki belőle olyan emberekhez, akik engem kerestek, csak még nem tudtak róla. Háromnaponta megismételtem ezt, hogy folyamatosan éber lehessek rá, milyen érzéssel töltött el ez az energia.

Amikor felismertem az életemben felbukkanó lehetőségekben ennek az energiának az érzetét, éltem velük, akár volt számomra értelme, akár nem. Egy nap felhívott egy New York-i férfi, aki azt akarta, hogy „vezetett masszázst" csináljak. Fogalmam sem volt róla, mi az. Ez nem olyasmi volt, amit feltétlenül csinálni akartam volna, de a kérésének az energiája egyezett annak a hat dolognak az energiájával, amiket az életemben akartam tudni. Tehát anélkül, hogy bármit értettem volna az egészből, egyszerűen követtem az energiát. New Yorkba repültem, hogy a fickóval dolgozzak – és ebből a tapasztalatból született meg az Access. A te energiád, tered és tudatosságod arról, hogy tudod, mit akarsz, az fog elvezetni ahhoz, amit keresel. Ez túlmegy az elméden, ami csak az anyag, az energia, a tér és az idő korlátolt elképzelésén belül működik.

Ezzel a módszerrel tudsz bizonyossággal választani az életedben anélkül, hogy megpróbálnád kitalálni a következő lépést. Ezáltal megkerülöd a korlátozott válaszokat, amikkel az elméd szolgál, és megengeded az univerzumnak, hogy tudassa veled, mi a következő lépés. Ez egy teljesen más módja az életed generálásának. Hagytam, hogy az a hat dolog, ami akkor jött fel, amikor megkérdeztem magamtól: „Hogyan szeretném, hogy kinézzen az életem?", határozza meg az életutamat.

Meg kell határoznod, hogy milyennek szeretnéd az életedet. Tedd fel a kérdést: „Mit akarok kezdeni az életemmel? Mit akarok csinálni az életemben?" Ha nem tudsz válaszolni ezekre a kérdésekre, homályban kötsz ki, ahol az univerzum nem tud közreműködni. Nem tudod, hová tedd az életedet generáló energiát. Nem tudod, mit válassz. Az életedben minden választást arra az energiára kellene alapoznod, amilyennek az életedet szeretnéd. Ha fogalmad sincs róla, milyennek szeretnéd az életedet, nem fogod tudni, mit válassz, vagy merre menj, és ez az egyik oka annak, hogy azt választod, amire mindenki másnak szüksége van, amire mások vágynak, vagy amit akarnak, ahelyett, amire te vágynál. Ha valami felbukkan a számodra, nem tudod, hogy egyezik-e az energiája azzal, amit szeretnél az életedben tudni, mivel ötleted sincs arról, milyennek szeretnéd az életed energiáját.

Ez nem úgy működik, hogy „akarok egy piros BMW kabriót és egy ingatlant a francia Riviérán". Itt nem ezt kell keresned. Kutasd fel mindazokat az elemeket, amiket szeretnél az életed részének tudni, és az energiáját annak, milyen lenne, ha már a része lenne. Nem arról beszélek, hogy a kívánt autó, a ház, vagy a család szempontjából határozd meg az életedet. Ezek a dolgok az életed részeként jelennek meg – ezek nem az élet forrásai. Túl sok embert ismerünk, akik a gyerekeiket tették az életük forrásává, de aztán a gyerekeik elhagyják a családi fészket, hogy megteremtsék a saját életüket, a szülők évente kétszer látják már csak őket, vagy éppen a gyerekek elkezdik utálni a szüleiket, míg végül semmi közük nem lesz egymáshoz. Ez az életed? Nem. Ez nem arról szól, hogy mit birtokolsz, vagy hogy mid van. Nem a helyről szól, ahol élsz. Nem arról, amit csinálsz, vagy a gyerekeidről. Ez az energia, térűr és tudatosság, ami hajlandó vagy lenni.

Vedd észre, hogy arról az energiáról beszélünk, amilyennek az életedet szeretnéd tudni. Nem említettük a pénzt. De miért is? Ha hajlandó vagy birtokolni azt az energiát és létezni akként az energiaként, amilyennek az életedet szeretnéd, létre fogod hozni az ahhoz szükséges pénzt, hogy az megjelenhessen.

Mi kellene ahhoz, hogy hajlandó legyél akként az energiaként élni, amilyennek az életedet szeretnéd tudni, hogy az teljes egészében megjelenhessen neked?

Mindent, ami ezt nem engedi, és minden gondolatot, érzést, érzelmet és nem-szexet, amit használsz, hogy teljes mértékben visszautasítsd és elutasítsd az életedet és annak az energiáját, amilyennek azt tudni szeretnéd, elpusztítod és nemteremtetté teszed, kérlek?

Helyes, helytelen, jó, rossz, POD, POC, mind a kilenc, rövidek, fiúk, POVAD-ok és túlontúl.

Ismételd ezt naponta harmincszor harminc napon keresztül – és nézd meg, mi történik az életedben.

Gondolj bele egy pillanatra, milyen lenne, ha nem léteznének korlátok. Tedd fel a kérdést: „Ha nem léteznének korlátok – ha bármit választhatnék – mit választanék az életemként? Ha anyag, energia, tér és idő nem lennének feltételei a választásomnak, mivé szeretném tenni az életemet?" Ha nem lennének korlátok az időn, pénzen vagy képességen, mit választanál? Ha azt tehetnéd, amit igazán szeretsz csinálni, mit választanál? Milyen emberekkel szeretnél dolgozni? Milyen kezdő jövedelmet szeretnél? Milyen befolyással szeretnél lenni a világra? Mit szeretnél, milyen érzelmi vagy energetikai érzete legyen az életednek? Itt nincs helyes vagy helytelen. Nem kell azt választanod, amit én választottam. Mit választanál, ha ez tényleg a te életedről szólna? (Mert arról szól!) Mi lenne teres a számodra?

Ha nem lennének korlátok az időn, pénzen vagy képességen – ha bármit választhatnál – mit választanál az életedként?

_____

_____

_____

_____

Ha nem lennének korlátok, és azt tehetnéd, amit igazán szeretsz csinálni, mit választanál?

_____

_____

_____

_____

Milyen emberekkel szeretnél dolgozni?

_____
_____
_____
_____

Milyen kezdő jövedelmet szeretnél?

_____
_____
_____
_____

Milyen befolyással szeretnél lenni a világra?

_____
_____
_____
_____

Mit szeretnél, milyen érzelmi vagy energetikai érzete legyen az életednek?

_____
_____
_____
_____

Most, hogy meghatároztad annak az energiáját, amilyennek az életedet szeretnéd, menj végig a következő négy lépésen:

Idézd fel az energiáját vagy az érzetét, milyen lenne rendelkezni mindazzal, amit szeretnél az életedben tudni. Ebben a pillanatban valószínűleg gőzöd sincs róla, hogyan fog mindez megvalósulni. Mindig máshogy fog kinézni, mint ahogy gondolnád, hogy ki fog nézni. Éppen ezért fontos, hogy ne próbáld meg végiggondolni. Csak ragadd meg az energiáját annak, ahogyan éreznéd magad tőle, ha minden részletével rendelkeznél annak az életnek, amire vágysz.

Ha megvan az energiája annak, milyen érzés lenne, ha minden részletével rendelkeznél, akkor helyezd ki ezt az energiát magad elé. Talán segít, ha egy nagy energiagömbként képzeled el. Most húzz bele energiát mindenhonnan az univerzumból. Vedd észre, ahogyan megnyílik a szíved, amikor ezt csinálod. Folytasd az energiahúzást a gömbbe. Az univerzum teljes egészéből húzol energiát; az univerzum teljes egészéhez kapcsolódsz. Ismételd meg háromnaponta, hogy éber maradj rá, milyen érzete van az energiának, amire vágysz.

Most engedj ki apró nyalábokat az energiából minden emberhez, aki téged keres, valamint mindenkihez és mindenhez, ami hozzásegít ahhoz, hogy ez a te valóságoddá váljon. Nem kell tudnod, kik ezek, vagy hol vannak. Csak hagyd az energiának, hogy kiáramoljon az univerzumba, hogy elérhesse ezeket az embereket.

Vegyél észre minden olyan lehetőséget, ami az életedbe érkezik, és olyan érzete van, mint annak az energiának, és élj vele, akármekkora őrültségnek tűnik is. Az energia, a tered és a tudatosságod az, ami elvezet majd ahhoz, amit keresel.

Kövesd az energiát. Energiát követni teljesen más, mint amikor agyból próbálsz valamit lineárisan kisakkozni. Amikor az elmédet használod arra, hogy kikövetkeztess valamit, előnyöket és hátrányokat listázol, miközben azt kérdezed magadtól: „Mi jár a legtöbb haszonnal? Hol fogok nyerni? Hol fogok veszíteni?" Ilyenkor azokat a dolgokat választod, amik látszólag a legnagyobb nyereséget hozzák. Ennek a fajta döntéshozatalnak semmi köze ahhoz, hogy akként lásd az energiát, hogy az mit fog generálni az életedben.

Milyen érzés a számodra, amikor lineárisan következtetsz ki előnyöket és hátrányokat? Sejtésünk szerint valószínűleg nehéz érzés. Ez azért van, mert ahhoz, hogy lineáris módszert használj, az ítélkezés és a vagy/vagy terébe kell menned. Teheted ezt – vagy teheted azt. Nincs más választás. Nincs több lehetőség. Soha nem mondta még neked senki, hogy van egy megközelítése a döntéshozatalnak, ami lehetővé teszi a számodra, hogy hétmérföldes csizmában haladj át az életen, amivel öt, tíz, vagy akár ötven mérföldet is megtehetsz lépésenként?

Hogyan követed az energiát? Vegyük azt, hogy számos lehetőség közül választhatsz – A, B és C. Fogd az energetikai eredményt vagy az érzetet, amit az egyes alternatívák teremtenek majd az életedben – és válaszd ki azt, amelyik a leginkább hasonlít az energiára az energiagömbös gyakorlatból. Milyen energetikai kimenetele lesz az egyes alternatíváknak a következő hat hónapban, jövőre, két év múlva? Melyik alternatíva hozza létre a legtágasabb energiát és a legnagyszerűbb lehetőség érzetét? Melyiknek van a legkönnyebb, legörömtelibb energiája? Melyik egyezik annak az életnek az energiájával, amit birtokolni szeretnél? Menj azzal.

Így éled az életed az életed energiájából. Ez az energia olyasmi, amire éber lehetsz, amihez beszélhetsz, amit manipulálhatsz, és megváltoztathatsz. A legtöbb ember nem tudja, mi is az élete – vagy hogy milyennek szeretné azt. De amint energiaként kezdesz az életedre tekinteni, nagyobb éberséged kezd lenni a lehetőségekről, a létezés módjairól, a felvehető irányokról, és a dolgokról, amiket generálhatsz.

Olyasmit csinálsz, amiben nem hiszel. Amikor olyat teszel, amiben nem hiszel, felőrlöd vele magad. Ha nem hiszed, hogy amit csinálsz, az értékes, jó vagy helyes számodra, akkor mindig pénzt fogsz veszíteni, vagy valamilyen szempontból kevesebbé válsz általa. Évekkel ezelőtt füvet árultam. Menőnek gondoltam. Csakhogy egy idő után azt vettem észre, hogy éppen annyi az adósságom, mint amennyit megkerestem a spanglik forgalmazásából. Rájöttem, hogy a dílerkedést könnyen jött pénznek tekintettem, mivel nem kellett megdolgoznom érte, azonban valójában nem tartottam jó ötletnek. Úgy döntöttem, meg kell változtatnom az életemet, hiszen rengeteg volt benne a szex, a drog és a rock and roll, de ez nem teremtett boldog életet. Hozzám hasonlóan elég sokan döntenek úgy, hogy olyasmit csinálnak, amit nem hisznek számukra értékesnek vagy helyesnek, mert azt gondolják, anélkül keresnek majd pénzt, hogy megdolgoznának érte. Ez nem az erkölcsösségről, és nem is a helyes vagy a helytelen megítéléséről szól. Ez arról az éberségről szól, hogy mi működik neked.

Légy büszke. Az emberek gyakran azt hiszik, hogy a tetteiknek semmilyen hatása nincs a világra. Ha van egy ilyen nézőpontod, nem leszel képes megváltoztatni a pénzügyi helyzetedet vagy az életedet. Elutasítod, hogy büszke legyél mindarra, ami vagy, mindenre, amit csinálsz, és mindenre, amid van. És ha nem vagy büszke arra, ami vagy, akkor semminek, amit birtokolsz, vagy amit teszel, nincsen értéke.

Ha például alkotsz, de nem vagy büszke a munkádra, azzal lekicsinyíted azt, és eldugod a szekrény mélyére. Nem mutatod meg másoknak, amit csináltál. De nem is lehetsz sikeres, ha sosem engeded meg másoknak, hogy lássák a művészeted! Hajlandónak kell lenned megengedni, hogy mások is lássák, amit csináltál, és meglegyen róla a saját nézőpontjuk. Büszkének kell lenned arra, amit csinálsz. Ha nem vagy az, sosem leszel benne sikeres. Lekicsinyíted azt, amit csinálsz, és elértékteleníted. Ez nem arról szól, hogy magas lóról lehet nagyot esni, hanem arról, hogy büszkeség nélkül nincs bukás – de nem is juthatsz el sehova.

Mi szeretsz csinálni? Mi az, amit imádsz csinálni, amiért nem gondolod, hogy fizethetnének neked? Van valamid tehetség és képesség formájában, ami annyira könnyű a számodra, hogy azt feltételezed, nem lehetséges, hogy fizessenek azért, hogy ezt csináld. Azt gondolod: „Senki nem fizetne nekem ezért! Nekem ez annyira egyszerű, hogy mindenki másnak is képesnek kell lennie rá." Figyelmen kívül hagyod és elutasítod a képességet, ami a legtöbb pénzt hozná neked. Azt tanították neked, hogy a nehezen elérhető az értékes, ezért kihagysz minden olyat a számításból, ami könnyedén és természetesen jön neked.

Évekkel ezelőtt, amikor a kárpitos bizniszben voltam, észrevettem, hogy tehetségem van a színek tisztán látásához, és pontosan is emlékszem rájuk. Például dolgozom valakivel, akinél van egy keleti szőnyeg, majd rámutat egy színre a szőnyegben, mondván, hogy akar egy széket abban a színben. Hetekkel vagy hónapokkal később, amikor a szövetboltban vagyok, meglátok egy anyagot ugyanabban a színben, amit az az illető akart. Felhívom és megkérdezem, megtalálta-e azóta a székét, vagy akarja-e, hogy megvegyem az anyagot, hogy bekárpitozza a széket. Azt mondja: „Igen, kérlek, vedd meg az anyagot!" Megveszem tehát az anyagot, és eladom neki ugyanannyiért, mint amennyit kifizettem érte. Milyen képességem volt, amit nem becsültem meg? A képességem, hogy meglássam azt, amit mások nem vettek észre. Annyira könnyen jött ez nekem, hogy fel sem merült bennem, hogy ez olyasvalami lehet, amiért emberek megfizetnének engem.

Meg kell kérdezned magadtól: „Mit szeretek csinálni, amiről feltételezem, hogy soha senki nem fizetne nekem érte?" Azt kell csinálnod, amit imádsz. Mit szeretsz a legjobban csinálni? Lehet, hogy fogalmad sincs, mi az, mert elértéktelenítetted évekkel ezelőtt.

Mit szeretsz csinálni?

_____

_____

_____

Mit igazán könnyű csinálnod?

_____

_____

_____

Mi az, amit annyira könnyű csinálnod, hogy azt gondolod, nincs értéke?

_____

_____

_____

Milyen tehetséged vagy képességed van, amit nem értékelsz, mert „bárki meg tudja csinálni"? (Ez lehet az a dolog, ami a legtöbb pénzt hozza a számodra!)

_____

_____

_____

Itt egy tisztítás, amit érdemes napi harmincszor futtatni harminc, vagy 100.000 napon át:

Milyen generatív energia, térűr és tudatosság lehetek, ami lehetővé tenné, hogy érzékeljem, tudjam, létezzem és befogadjam a végtelen hozzájárulást, ami valójában vagyok? Ha egyszer elkezded feltenni ezt a kérdést, lassacskán észreveszed majd, hogy van egy energiád, amivel hozzájárulhatsz dolgokhoz egy teljesen más módon, mint ahogy azt gondoltad volna.

Ünnepeld az életed. A hedonizmus hajlandóság arra, hogy az élet minden pillanatában az örömet és az élvezetet keressük. Amikor kimész az utcára és esik, azt mondod: „A francba, esik!", vagy azt mondod: „Azta! Nézd már, esik!"? Amikor hőség van, azt mondod: „Rohadt meleg van!", vagy azt, hogy: „Azta! Ez egy elképesztően forró nap!"? A hedonizmus az, amikor mindenben élvezetet találsz, annak az öröme, hogy életben vagy. A madarak abbahagyják a csiripelést csak azért, mert felhős az idő? Nem. Csiripelnek, bármi történjék is. És mondja valaha a gyümölcsfa, hogy: „Idén nem lesznek gyümölcseim, mert hajmeresztő napom van"? Nem, ezek a lények vidáman adakoznak minden pillanatban.

Hajlandónak kell lenned észrevenni, milyen bulis lehet az életed. Tedd fel a kérdést: „Mit adhatnék az életemhez, ami teljesen bulissá tenné azt a számomra?" Ez nem a több szabadidőről szól. Nem arra van szükséged. Ez olyasmi, ami mókássá teszi az életedet. Ez nem egy extrém sport, ez csak az életed ünnepléséről szól.

Brigitta, egy barátunk, aki imádja frissen vágott virágokkal körülvenni magát, azt mondta, valaki egyszer hozzávágta, hogy „Ejha! Rengeteg pénzt költesz virágokra, ugye?"

Brigitta azelőtt sosem gondolt erre így, ezért azt válaszolta: „Igen, nagyon szeretem őket."

„Miért nem veszel művirágokat? Mindig ugyanúgy néznek ki, és kevesebb a gond velük. Rengeteg pénzt spórolnál meg."

Brigitta ezt máshogy látta. „Élvezem azt, ha körülvehetem magam szép, friss virágokkal. Imádom az illatukat, és azt, ahogy kinéznek." Brigitta élete arról szól, hogy olyan dolgokat tegyen, amit ő helyesnek érez. Ünnepli az életét. Ez olyasvalami, amit te is megtehetsz. Ünneplést csinálhatsz az életedből.

Amikor elváltam, a négyből egy étkészletnyi kínai porcelánt, valamint a négyből egy sterling ezüst evőeszközkészletet kaptam meg. Kaptam két csészét, néhány családi ereklyét meg az összes felesleges bútort a pincéből. Mindezt, és még 100.000 dollárnyi adósságot. Ezt vettem ki a házasságból. A volt feleségem félmillió dollárral egyenértékű régiséget, félmillió dollárnyi ékszert, semmi adósságot, és egy rakás pénzt kapott tőlem.

Kiköltöztem a házunkból, be egy lakásba. A porcelánt eltettem egy magas szekrénybe, gondolván, hogy ezt egy különleges alkalomra tartogatom. Mivel nem volt ócska evőeszközöm, beraktam a fiókba a sterling ezüstöt és azt kezdtem el használni. Majd felnéztem a porcelánra a szekrényben, és azt gondoltam: „Várjunk csak. Elég idős vagyok ahhoz, hogy különleges alkalom legyen, amikor felkelek reggel." Úgy döntöttem, minden nap a porcelánt fogom használni.

Az ünneplés nem azt jelenti, hogy feleslegesen szórod a pénzt. Az ünneplés az életed megközelítéséről szól. Az életnek ünneplésnek kellene lennie. Örömteli tapasztalatnak kellene lennie minden nap. Manapság finom sterlinget, minőségi kínai porcelánt, kristálypoharakat, és a legjobb cuccokat használom. Azt hiszem, ha ma életben vagyok, az elég ok az ünneplésre.

A legtöbben minden lehetséges módon elhalasztjuk az életünk ünneplését. Azt gondoljuk, kell lennie egy különleges alkalomnak, mielőtt virágot veszünk, pezsgőt iszunk, vagy porcelánt használunk. Pár éve Mary, a barátunk, aki akkor 95 éves volt, velünk élt. Közelgett a karácsony, és azt kérdeztem: „Mary, mit szeretnél karácsonyra?"

„Szeretnék egy 600 szálas, finomszövésű szatén ágyneműt. Ez az, amit szeretnék!"

Eljött a szenteste, és kinyitotta az ajándékát. El volt ragadtatva: „De szép új ágynemű! Ez valami csodálatos! Elteszem egy különleges alkalomra."

Azt mondtam: „Mary, ha felkelsz reggel, az egy különleges alkalom lesz. És nem látok itt egy férfit sem, aki megpróbálna belopódzni az ágyadba. Szóval ne tartogasd az ágyneműt! Használnod és élvezned kellene azt!"

Az életed mekkora része, mennyi bizonyító kitalációd és DISZKed van, ami visszatartja az életedet attól, hogy ünneplés legyen? Mindent, ami ez, elpusztítod és nemteremtetté teszed? Helyes, helytelen, jó, rossz, POD, POC, mind a 9, rövidek, fiúk, POVADok és túlontúl.

Megkapod, amire vágysz. Egy hölgy azt mondta nekünk, hogy szeretne Párizsba költözni, ahol a cégnek, ahol dolgozott, volt egy fiókirodája. Azt kérdezte: „Hogyan tudnám ezt elérni?"

„Húzz bele energiát."

„Azt hogyan kell?"

„Ugyanúgy, ahogy flörtölsz. Csak húzod az energiát." Az embereknek gyakran gondot okoz ez az elképzelés. Miért gondoljuk, hogy nem tudjuk, mit jelent energiát húzni? Van kutyád? Rá szokott venni, hogy odamenj az ajtóhoz, hogy kiengedd? Ilyenkor húzza az energiát. Mindig tudod, amikor a macskád kint vár az ajtó előtt, hogy beengedd? Húzza az energiát. Rá tudsz venni egy előadót, hogy felszólítson anélkül, hogy feltennéd a kezed, hogy feltehess egy kérdést? Húzod az energiát.

„Rendben! Elkezdhetem most, vagy Párizsba kell mennem hozzá?"

„Kezdd el most rögtön. Húzd az energiát mindenkitől a cégednél, aki el tudná intézni ezt neked, amíg nem tudnak majd nem észrevenni."

Teljesen természetes energiát húzni, főleg, ha akarsz valamit. Eldöntötted valaha, hogy akarsz valakit, hátradőltél és azt mondtad: „Ó, babám, te már az enyém vagy"? A gyerekek ezt nagyon jól csinálják. Ha már elfelejtetted, és szeretnéd újra megtanulni, hogyan kell ezt csinálni, menj ki egy játszótérre és nézd a gyerekeket. Keresd meg azt, aki önmagadra emlékeztet és nézd, ahogy húzza az energiát. Amikor energiát húzol, pezsgőbuborékokat tudsz teremteni az emberek világában. Kérd meg a tested, hogy akkor is folytassa az energiahúzást, amikor mással vagy elfoglalva. Így tudod megkapni azt, amit akarsz.

Generálj pénzt az életedben

Ahhoz, hogy megtermeld azt a pénzt, amit szeretnél az életedben, élvezned kell azt, amit csinálsz. Látunk olyan embereket, akik belekeverednek valamibe, csak azért, mert eldöntötték, hogy az hozhat nekik egy kis pénzt, vagy mert eldöntötték, hogy az működni fog. Hol van ebben a kérdés? Nincs benne.

Ezt így kellene megközelíteni: „Rendben, ezt szeretem csinálni. Kereshetek vele pénzt? Jó. Mennyi pénzt kereshetek vele? Van határa annak, mennyit kereshetek ezzel a munkával, ezzel a technikával vagy ezzel a rendszerrel, amim van?" Ha van határa, és nincs baj azzal, hogy van neki, azt kell megkérdezned, mi a legfelső határa annak, amit kereshetek azzal, amit csinálok? Ha ez egy kielégítő összeg a számodra, nincs akadály. Ha nem vagy vele elégedett, kérdezd meg: „Mi más lehetnék, mi mást tehetnék, birtokolhatnék, teremthetnék vagy generálhatnék, ami bulis lenne nekem, és több pénzt hozna?" Jól érzem magamat benne és több pénzt hoz nekem. Ez a kulcs.

Látunk néha embereket belekezdeni valamibe, és amikor elkezdenek vele pénzt keresni, azt mondják: „Oké! Most pénzt keresek!" Hol van ebben a kérdés? Ez nem egy kérdés, hanem egy válasz: pénzt keresek. Nem látjuk túl gyakran, hogy feltennék a kérdést, amit fel kellene tenniük: „Ez meghozza nekem mindazt a pénzt, amit meg szeretnék keresni?" Ha ez nem hozza meg neked mindazt a pénzt, amit meg szeretnél keresni, ki kell találnod, mit adhatnál hozzá az életedhez, ami felemel ahhoz az összeghez, amit szeretnél a magadénak tudni. Tedd fel a kérdést: „Mi mást adhatok az életemhez?"

A jelenlegi gazdasági helyzetben sokan kérdezik: „Miből vehetek vissza az életemben, hogy kevesebb számlát kapjak?" Ez egy igen népszerű megközelítés nehéz gazdasági időkben, azonban romboló irányba halad. Ez arról szól, hogy kevesebbé teszed az életedet. A pozitívabb nézőpont az lenne: „Mit adhatok az életemhez?" Ez a kérdés generatív irányba tereli a dolgokat, mert nem arról szól, miről mondhatnál le, amit szeretsz, hanem arról, hogy adj hozzá az életedhez olyan dolgokat, amiket élvezel, és ami több pénzt hoz be. Rengeteg olyan módja van a pénzkeresésnek, ami valójában bulis. Hajlandónak kell lenned tudni, hogy ez lehetséges, és meg kell találnod ezeket. A legtöbb embernek az a nézőpontja, hogy a pénzkereséshez robotolni kell, vagy hogy ez fájdalmas, vagy szimplán nem tudják, hogyan kell csinálni. Használj párat a következő ötletekből, kérdésekből és eszközökből, amik segítenek, hogy több pénzt termelj.

Eleget kérsz érte? Egy hölgy az egyik kurzusunkon azt mondta: „Amikor fiatal voltam, gyerekekre vigyáztam. 50 centet kértem el óránként, mígnem egy nap azt mondtam anyámnak, szerintem megérek 75 centet is. Anyám azt mondta: „Ó, ne! Fel ne emeld az áradat! Ha felemeled az áraidat, senki nem fog többé alkalmazni."

Hogy tetszik ez a szörnyű szülői tanács a pénzről? Nagyon sokan bedőlnek ennek az ötletnek. Alulárazzák a szolgáltatásukat vagy a terméküket, mert azt hiszik, senki nem alkalmazná őket, ha feljebb emelnék az áraikat. Nem értékelik a munkájukat, a terméküket vagy a szolgáltatásukat. Mit kapsz, ha így állsz hozzá? Alacsony minőségű ügyfeleket. És mi lesz, ha felemeled az áraidat? Legrosszabb esetben lesz egy kicsivel több szabadidőd. Legjobb esetben lesz egy kis szabadidőd, és jobb ügyfeleid!

Az emberek, akik felemelték az áraikat, újra meg újra azt a visszajelzést adják, hogy több munkájuk van, amióta többet kérnek el. Egy hölgy azt mondta, hogy amikor felemelte az árait, az egyik kliense azt mondta, ezt nem engedheti meg magának. Erre ő azt válaszolta: „Semmi gond, el tudlak küldeni máshoz." Mire az illető hirtelen úgy döntött, mégiscsak meg tudja őt fizetni.

Néha az emberek mozgó skálán mérik a klienseiket. Az alapján kérnek tőlük pénzt, amit szerintük az ügyfél ki tud fizetni. Egyszer én is ezt csináltam. Egy hölgy, akin dolgoztam, azt mondta: „Nyugdíjas vagyok és nincs túl sok pénzem. Tudnál kedvezményt adni, mert nyugdíjas vagyok?" Adtam neki engedményt. Ahogy távozott, felajánlottam: „Hadd kísérjelek ki az autódhoz." Mire ő: „Nem, nem, nem, megvagyok." Annyira furcsa volt az energiája, hogy kimentem a hátsó ajtón, körbe a ház elé, épp időben ahhoz, hogy lássam, ahogy beszáll a Rolls Royce-ába és elhajt. Most, ha valaki nem akarja kifizetni, amit elkérek, felajánlom, hogy elküldöm őket olyanhoz, aki hajlandó elfogadni azt, amit hajlandóak kiadni érte. Értékesnek tartom magam, és az időm megéri azt az árat, amit elkérek érte.

Dain azt mondja, ő azt látta, hogy amikor az emberek nem hajlandóak kifizetni a tarifádat, nem hajlandóak befogadni az ajándékot sem, amit megosztasz velük, ami a lényege lenne annak, amit csinálsz. Ajándékot akarsz adni nekik, amit elfogadnak. Ez nem a pénzről szól. Azt szokta mondani: „Amikor kezdtem, x összeget kértem el egy kezelésért. Ahogy haladt az idő, elkezdtem felemelni az áraimat, és felfedeztem, hogy minél többet emeltem, annál többet tudtak befogadni az emberek a kezelésből, amit adtam nekik. Ha tízszer annyit kértem el, mint kezdetben, akkor az emberek tízszer annyit fogadtak be."

Az ajándék, amit az embereknek ajánlasz, ami nem más, mint az ajándék, ami te magad vagy, annál dinamikusabbá válik, minél többet kérsz érte. Nincs senki más a világon, aki azt csinálná, amit te. Nincs versenytársad. Nincs senki más ezen a világon, aki olyan lenne, mint te. Valaki talán valami hozzád hasonlót csinál, de akkor sincs még egy olyan, mint te. Ha valaki téged akar, akkor téged akar, és akármit kérsz el érte, az csak értékesebbé tehet téged a szemében. Ha sokat kérsz, az emberek tudni fogják, hogy bizonyára jónak kell lenned abban, amit csinálsz. Neked csak annyi a teendőd, hogy jó terméket szolgáltatsz.

Ha árat emelsz, elveszíthetsz egy-két embert, de tízet fogsz nyerni. Ha saját üzleted van, vagy valami tematikus dologgal foglalkozol, amit csak te csinálsz, muszáj annyit kérned érte, amennyi boldoggá tesz. Ne dolgozz olcsón. Nem számít, mit csinálsz. Sose kérd azt, amit az átlag. Ez nem arról szól, mit bír el a forgalmad, hanem a termékről, amit nekik készítesz, és hogy mennyire örülsz majd a pénznek, amit adnak neked. Tudnod kell, hogy jó vagy abban, amit csinálsz. És az egyetlen módja, hogy az emberek is tudják, hogy jó vagy, ha rengeteg pénzt kérsz el érte!

Mennyi bizonyító kitalációt és DISZK-et tartasz azért, hogy soha ne kelljen elkérned annyit, amennyit érsz, és hogy soha ne kelljen eleget elkérned az emberektől ahhoz, hogy valójában hozzád akarják vágni a pénzüket, és fizessenek neked?

Mindent, ami ez, elpusztítod és nemteremtetté teszed? Helyes, helytelen, jó, rossz, POD, POC, mind a 9, rövidek, fiúk, POVAD-ok és túlontúl.

Keresd a kedvező alkalmakat. A pénz nagy része nem verejtékből készül, hanem ihletből generálódik. Egy gazdasági visszaesésben vagyunk jelenleg, ami azt jelenti, hogy most van itt az idő, hogy lehetőségeket keressünk a katasztrófák helyett. Hajlandónak kell lenned kihasználni az embereket, akik elég buták hozzá, hogy lenullázzák magukat anyagilag és ezáltal lehetőséget kínáljanak neked – márpedig mindig lesz valaki, aki hajlandó lesz erre.

Olykor az embereknek meg kell szabadulniuk dolgoktól, amiket nem engedhetnek meg maguknak, ez pedig egy olyan lehetőség a számodra, amit kihasználhatsz. Lehet, hogy meg kell szabadulniuk egy autótól, mert túl sokba kerül fenntartani, vagy mert valami mást akarnak venni. Ismerünk olyanokat, akiknek sikerült hirtelen jó kocsit venniük kevés pénzért. Miért? Mert az előző tulajnak meg kellett szabadulnia tőle. Ki kellett húznia azt az autót a könyvelése pénzügyi teher oszlopából, hogy vehessen valamit, ami nyereséges eszköz lehet a számára.

Feltételezed, hogy jónak kell lenned, igazságosnak és kedvesnek, és mindenkiről gondoskodnod kell. Hajlandó vagy felakasztani az önfeláldozó ápolónő-köpenyedet a fogasra? Add fel annak a szükségét, hogy biztosan mindenkivel egyenlően, méltányosan és igazságosan bánj. Ismerd fel, hogy a lehetőség azoktól az emberektől érkezik, akik hajlandóak elvágni a saját torkukat. Talán valami értékeset árulnak sokkal kevesebbért, mint amennyit ér. Valaki erre biztosan azt mondaná, ez visszaélés a helyzetükkel, de ha odaadod nekik azt a pénzt, amire szükségük van, az valójában jótétemény a számukra. Ha kell nekik 100.000 dollár valamiért, ami normál esetben 500.000 dollárba kerül, és te meg tudod adni nekik azt a 100.000 dollárt, az egy ajándék a számukra. Lehet, hogy az áru, amit veszel, 500.000 dollárt ér, de lehetetlen, hogy el tudják azt adni annyiért ilyen körülmények között. Amikor adsz nekik 100.000 dollárt, lejön ugyan 400.000 dollár az áru értékéből, de lehet, hogy nagy mértékben ki is segíted őket. Ha csak arra vagy hajlandó ránézni, hogy kihasználod őket, elmulasztasz egy nagyszerű lehetőséget. Ők pedig lemaradnak a 100.000 dollárról, amire szükségük van.

Meg kell adnod az embernek az alku túloldalán azt, amit ő választ. Nem választhatsz helyette. Elmentem egyszer egy garázsvásárra, ahol észrevettem egy karkötőt, ami 15 dollárba került. Felvettem és észrevettem, hogy egy „14 karátos arany" jelzés volt rajta. Az gondoltam, ez nem lehet igaz, ennek legalább 115 dollárnak kellene lennie. Megkérdeztem a hölgyet, mennyibe kerül.

„15 dollár. És ez 14 karátos aranyból van."

„Rendben, ha 15 dollárt szeretne, itt van 15 dollár."

„Annyira örülök, hogy olyasvalakihez került, aki értékeli."

Felbecsültettem: 900 dollárt ért. A legfurcsább mégis az volt, hogy öt régiségkereskedő volt ott mellettem ezen az eseményen, és nem vették meg. Azt gondolták, ennyi pénzért biztosan hamis a karkötő.

A hölgy értékelte a tényt, hogy ajándékot adhatott nekem. Nem a pénzt nézte, hiszen ha a pénz számított volna neki, egy zálogházba vitte volna vagy egy olyan helyre, ahol megfizetik az arany értékét. Őt ez nem érdekelte, csak olyasvalakit akart, aki imádja azt, amitől ő megszabadult. Nos, most feltételezhetnéd, hogy helytelen visszaélni egy ilyen lehetőséggel. De valóban az?

Egy barátom mesélt egy hasonló történetet. Néhány évvel ezelőtt Japánban volt egy szupermarketben, és volt ott egy szép üveg Margaux bor, egy francia bor, amiből egy üveg több száz dollárba kerül. 8 dollár volt ráírva. Odament a pénztárhoz és megkérdezte: „Ez biztos jól van árazva? 8 dollár van rajta."

Az üzletvezető így felelt: „Ó, ez 1996-os. Ez egy régi darab. Jobb, ha csak 4 dollárért viszed el."

Hirtelen kapott egy lehetőséget, ami éberségből származott. Éber volt a Margaux borokra és tudta, mennyit ért, míg az üzletvezető nézőpontja ez volt: „Ez egy régi üveg bor. Minek akarnám én ezt? Nem is rizsből készült. Csak a hülye emberek isznak szőlőből készült bort. Nem tudják, mi a jó cucc."

Azt gondoljuk, ki kell oktatnunk az embereket arról, amit tudunk. Lépj túl az elképzelésen, hogy ki kell oktatnod az embereket! Ez a legnagyobb hiba, amit a legtöbben elkövetünk. Ha nem tettek fel neked kérdést, nem akarják tudni. Igazán meg akarsz bántani valakit? Próbáld meg kioktatni valamiről, amiről már eldöntötte, hogy igaza van.

Más az, amikor azzal szembesülsz, hogy valaki hibázott, amikor a visszajárót adta. Az egy dolog, amikor valaki felajánl neked valamit, és örül annak, amit cserébe kap, de amikor tudod, hogy az illető hibát követ el, és a saját zsebéből kell majd előrukkolnia azzal a pénzzel, az egy más történet.

Volt már velem olyan, hogy 20 dollárt adtam a pénztárosnak, aki viszont ötvenből adott vissza. Szóltam is neki: „Elnézést, szerintem ezt elnézte."

„Nem, ötvenet adott."

„Nem, egy húszast adtam."

„Nem, egy ötvenest adott" – erősködött, de amikor a fiókba nézett, észrevette, hogy egy húszast rakott az ötvenes helyére. – „Ó, köszönöm, köszönöm, köszönöm."

Nem a védelmezőjét próbáltam játszani, egyszerűen csak őszinte voltam azzal kapcsolatban, ami történt. Különbség van aközött, amikor kicsalod valakiből a pénzt, és aközött, amikor felismered a lehetőséget vagy a jó üzletet, amikor az orrod előtt van.

Úgy tűnik, az emberek tisztán lefektetett, kézhez kapott szabályokat akarnak arról, mit tegyenek és mikor, ahelyett, hogy követnék az energiát, és éberek lennének. Azt kérdezik, milyen szabályt kell követniük, hogy több pénzük legyen. A válaszunk az éberség. Számodra könnyű az, ha elveszel 100 dollárt egy pénztárostól, aki 8 dolcsit keres óránként, és akinek azt vissza kell majd fizetnie? Ha követed az éberséged, tudni fogod, mitévő legyél. Kérdezd meg magadtól, mi lesz generatív a számodra az életedben. Az éberség itt a lényeg. Ilyen gazdasági időkben az éberség nyitja meg a lehetőségek kapuját. Amikor éber vagy, tudni fogod, mi a teendőd, látni fogod, mit lehet ott tenni, és látni fogod, milyen lehetőségek érhetőek el.

Most van itt az idő? Mielőtt elkezded kergetni a lehetőségeket, amikre éber lettél, tedd fel a kérdést: „Most van itt az idő, hogy nekivágjak ennek?", vagy: „Most van itt az idő, hogy intézményesítselek?", vagy „Most van itt az idő, hogy ezt mozgósítsam?" Ha eldöntöd, hogy „itt az idő," az nem feltétlenül jelenti azt, hogy ez a megfelelő pillanat, de ha kérdezel, meg tudod majd állapítani. Rengeteg ötleted lesz azelőtt, hogy eljönne az ideje, hogy nekikezdj. Ha felteszed a kérdést: „Hé univerzum, hé projekt, hé én és a végtelen éberségem, most van itt az ideje, hogy belekezdjek ebbe a projektbe?", nem fogsz nekilátni a projektnek, ha az ahhoz szükséges támpillérek még nincsenek a helyükön. Néha át kell rendeződnie pár dolognak az univerzumban, mielőtt egy projekt, egy ötlet vagy egy találmány készen áll az indulásra. Ki kell derítened, hogy ez megfelelő alkalom-e arra, hogy elkezdd. Sokszor hallunk történeteket olyan emberekről, akik megelőzték a korukat. Csodálatos ötleteik voltak, de a világ nem állt készen rájuk. Az emberek olyasmiket mondanak, hogy „megelőzte a saját korát", vagy: „ez az ötlet megelőzte a korát". Rengeteg ilyen dolog van, amit az emberek megkíséreltek idő előtt bevezetni, és ezek a projektek sokszor évszázadokon keresztül várták a sorukat, mielőtt eljött volna az ő idejük, hogy felkapják őket, és sikeressé váljanak. Nem akarod, hogy ez történjen veled. Nem akarod az energiád olyasmibe beletenni, ami még húsz évig nem áll majd készen arra, hogy megtörténjen. Szóval tedd fel a kérdést: „Most van itt az idő, hogy belevágjak ebbe?" Ha nemet kapsz, akkor mondd: „Oké, majd szólj, amikor eljött az ideje." Írd le az ötletedet egy papírra és tedd a fiókba vagy egy irattartóba, amire az van írva: „nézz bele egy-két hónap múlva". Kérdezd meg a projektet, hiszen mindennek van tudatossága: „Mikor kell újra eszembe jutnod?" Engedd meg a dolgoknak az életedben, hogy segítsenek neked pénzt generálni.

Húsz évvel ezelőtt érvényben voltak bizonyos pénzügyi szabályok. Tudtad, hogy ha x-be fektettél be, valószínűleg ennyivel; ha pedig y-ba fektettél be, valószínűleg annyival emelkedik az összeg. Most folyamatosan változik minden. Folyamatban van egy óriási változás, a változással pedig lehetőség érkezik. A változással azonban hanyatlás is jár. Jelenleg a mi szemszögünkből egy hanyatlásba süllyedünk, ami azt jelenti, hogy a következő tizenöt évben nem sok növekedés várható, de annál több lehetőség lesz.

A te nézőpontod egy teljesen más lehetőséged tud teremteni; a választásaid hatalmas különbséget hoznak létre abban, ami felbukkan a számodra. 1990-ben, épp mielőtt Irak megszállta Kuvaitot, Dain egyetemista volt, és egy autókereskedésben dolgozott, használt Chevrolet-kat árult. Majd elkezdődött az első Öböl-háború, és az autópiac megfenekellt. Az autókereskedésben mindenkinek az eladása drámaian visszaesett – kivéve egy férfiét. Az ő eladásai megduplázódtak, amikor mindenki másé ötven százalékot esett. Érdekes módon nem volt valami penge értékesítő. Ez a fickó úgy öltözött, mint egy használtautó-kereskedő. Rossz szájszaga volt és bajusza, amiben mindig ételmaradék volt.

Egy hónap után, látván, hogy a pasas eladásai emelkednek, Dain megkérdezte tőle: „Mi folyik itt? Hogy van az, hogy a te eladásaid a plafont verik, míg mindenki másé a felére csökkent?"

„Hát, az embereknek attól még autót kell venniük."

Dain rájött, hogy mindenki bevette azt a nézőpontot, miszerint „Recesszió van. Hanyatlás van. Megfenekellt az autóipar." Ám ez az eladó hajlandó volt egy más nézőpontból működni, és ez különböztette meg. A nézőpontja teremtette a valóságát.

A kérdés az: milyen nézőpontot szeretnél választani azzal kapcsolatban, ami közeledik? Szeretnél ragaszkodni ahhoz a nézőponthoz, hogy: „Minden darabjaira hullik. Depressziós leszek, mint mindenki más. Nem lesz semmi pénzem.", vagy szeretnéd azt a nézőpontot választani, hogy meg fogod találni a lehetőségeket a pénz generálásához? Megkérdezheted magadtól: „Hogyan tudnék boldogulni és túlélni, amíg jobbra fordulnak a dolgok?", de azt is kérdezheted: „Hogyan tudnék gyarapodni annak ellenére, ami történik?" Ez a te döntésed. Választhatod, hogy máshonnan nézel a dolgokra, hogy kitaláld, hogyan generálhatod azt az életet, amire vágysz.

A nagy gazdasági világválság alatt voltak, akik csomó pénzt kerestek. Például rengeteg pénz folyt be a szórakoztatóiparba. Miért? Mert az emberek akkor is szórakozni akartak. Hajlandóak voltak a nehezen megkeresett pénzüket szórakozásra költeni. Rengeteg üzletet nyitottak meg a nagy gazdasági világválság idején, és sokuk szépen gyarapodott is és terjeszkedett. Az öt- és tízcentes boltok ekkor lettek felkapottak. Az emberek imádták, mert egy érmével már vehettek valamit.

Nem arról beszélünk, hogyan kell csórón túlélni a nehéz helyzeteket, hanem arról, hogyan kell gyarapodni a nehéz időkben. Ami azt jelenti, hogy itt az ideje a lehetőségeket keresni a katasztrófák helyett.

Te is azon emberek egyike vagy, aki élt a nagy gazdasági világválság idején, és új testre tett szert azóta – de még mindig azon van a fókuszod, hogy túléld a válságot? Még mindig túlélő módban vagy, és olyan pénzügyi válságban, amilyenben csak lenni lehet? Elpusztítod és nemteremtetté teszed mindezt? Helyes, helytelen, jó, rossz, POD, POC, mind a 9, rövidek, fiúk, POVAD-ok és túlontúl.

Tegyél fel kérdéseket

Ahogy már mondtuk, az univerzumban minden tudatos, és minden támogat téged. Amikor a tudatosságot választod, észreveszed majd, hogy a világon minden tudatos, és minden molekula támogatni fog, úgy, ahogy azt elképzelni sem tudtad. Ezt a támogatást úgy érheted el, ha kérdezel. Mivel Dain és én kérdésben élünk, folyamatosan úgy fogadunk be, ahogy sosem gondoltuk, hogy lehetséges. Emberek, pénz és dolgok teljesen váratlanul jelennek meg a számunkra. Az univerzum valamely elrejtett zugából érkeznek, hogy az életünk részévé váljanak. Kicsit olyan „Hogy kerültél ide?" érzés. Itt van néhány kérdés, amit használunk.

Ha megveszlek, hozol nekem pénzt? Volt már, hogy eldöntötted, hogy ha befektetsz egy házba vagy részvénybe, az rengeteg pénzt fog hozni neked? Így lett? Ha megkérdezed a befektetésedet, a házat, vagy akármit, és meghallgatod a válaszát, mindig tudni fogod, pénzt fog-e neked csinálni vagy sem. Kérdezz rá: „Ha megveszlek, hozol nekem pénzt?" Ha igent kapsz, pénzt fog hozni neked.

Ezt kérdezd meg mindentől, amit meg akarsz venni. Amikor ezt teszed, félre kell tenned a hiedelmeidet és a vágyaidat azért, hogy befogadhasd a választ, ami attól a dologtól érkezik hozzád, amit meg szeretnél venni. Ha mondjuk komoly a meggyőződésed arról, hogy egy tárgy, például egy öltöny, bármi történjék is, pénzt fog hozni neked, nem leszel képes meghallani az öltöny válaszát. Ilyenkor nem igazán teszed fel a kérdést, hogy „Ha megveszlek, hozol nekem pénzt?" De ha megkérdezed az öltönyt és őszintén meghallgatod a válaszát, megmondja neked, hogy igen vagy nem. Semmi nem hazudik – csak te. A dolgok nem hazudnak. Ez azt jelenti, hogy megkérdezheted őket, és ők megadják neked a kért információt.

Amikor autóvásárlásra adom a fejem, megkérdezem a járművet: „Hozol nekem pénzt?" Elvárom, hogy szó szerint pénzt keressen nekem? Nem feltétlenül. Ez nem mindig ennyire egyértelmű. Minden egyes dolog energiája, amit megveszel, hozzájárul az egész energiájához. Ezután pedig az egész energiája generálja majd a pénzt, amire vágysz. Az autó például eljuttathat valahova, ahol pénzt fogok keresni.

Kérdést feltenni nem arról szól, hogy megpróbáld kikövetkeztetni, hogyan fog az az adott dolog pénzt hozni neked. Ez arról szól, hogy hajlandó vagy éber lenni rá, hogy hoz-e neked ez pénzt, vagy sem. Én mindentől, amit meg akarok venni, megkérdezem ezt, beleértve a lovaimat, régiségeimet, de még az alsógatyámat is. Nem veszek alsógatyát, hacsak nem mondja azt, hogy pénzt fog hozni nekem. Nem vagyok sztriptíztáncos, szóval az, hogy letolom a gatyám, nem hoz nekem pénzt – viszont hajlandó vagyok mindenre úgy nézni, hogy az hozzájárulás az életemhez. És minél inkább hajlandó vagy megengedni a dolgoknak, hogy hozzájáruljanak az életedhez és megajándékozzanak a saját energiájukkal, annál többet tudsz befogadni – és annál több pénzed lehet.

Ha szeretnél több pénzt, azt javasoljuk, kérdőjelezz meg mindent az életedben. Tedd fel a kérdést: „Fog ez a dolog az életemben pénzt hozni nekem?" Menj végig az egész életeden. „Fog ez a dolog – akármi legyen is az – több pénzt hozni nekem?" Ez lehet egy kapcsolat, a fiókos szekrény a szobádban, a kocsid, vagy akár ezek mindegyike. „Fog ez nekem több pénzt hozni?"

Azt is tudnod kell, mit engedhetsz meg magadnak. Ha egy olyan házat akarsz megvenni, amihez fel kell venned egy 800.000 dolláros hitelt, tudnod kell, elő tudsz-e rukkolni elég pénzzel, hogy fedezd a jelzálogot, az adókat és a biztosítást. Tudnod kell, mennyi pénzből jössz ki egy hónapban ahhoz, hogy meg tudd határozni, megengedheted-e magadnak, vagy sem. Ha kölcsönt fogsz felvenni, meg kell róla győződnöd, hogy megengedheted magadnak, és hogy könnyű lesz visszafizetned. Ha egy szép ház törlesztése kiveri nálad a biztosítékot, valóban megéri? Meg kell kérdezned a házat: „Hozol nekem pénzt?" Még attól a háztól is, amelyikben lakni fogsz, kérdezd meg: „Ha megveszlek, hozol nekem pénzt?" Ha kiadod a házat, kérdezd meg: „Hozol nekem pénzt?" Mindentől, amire pénzt fogsz költeni, kérdezd meg: „Hozol nekem pénzt?"

Jövedelmező lesz ez? A „Hoz ez nekem pénzt?" kérdés alternatívája a „Jövedelmező lesz ez?". A minap ügyeket mentem intézni egy nővel, aki nekünk dolgozik. Láttunk egy gyönyörű ruhát egy előkelő bolt kirakatában, és rávettem, hogy menjen, próbálja fel. Nagyszerűen állt neki. Megkérdeztem, jövedelmező lesz-e, ha megveszem neki ezt a ruhát, és a válasz igen volt, úgyhogy megvettem neki. Akkor ott nem tudtam, hogyan lesz ez jövedelmező. Ötletem sem volt, hogyan fog ez megjelenni. Végül úgy alakult, hogy miután megvettem neki a ruhát, amit eleinte nehezére esett elfogadni, a befogadás egy teljesen új terébe lépett – és még több üzletet kezdett generálni.

A legtöbben azt szeretnénk tudni, hogyan fog a „jutalmunk" kinézni, mielőtt cselekednénk. Eltűnődünk, hogy: „Rendben, tehát hol leszek megjutalmazva? Hogyan leszek megjutalmazva? Mennyi pénzt fogok keresni?" A jutalmak több pénzhez vezethetnek, de az nem feltétlenül érkezik pénz formájában. Nagyon sokféle úton érkezhetnek, akár úgy is, hogy tudatosabbá válsz a pénzre. Itt van még néhány kérdés, amit használhatsz.

Most kell, hogy megvegyelek? Tegyük fel például, hogy egy könyvesboltban vagy. Három könyv van, amit kinéztél magadnak. Az egyik egy regény, a másik egy üzleti könyv, a harmadik pedig egy erotikus könyv. Feltetted a kérdést, hogy: „Ha megveszlek, hozol nekem pénzt?", és mindhárom könyv igent mondott rá. 50 dollárod van összesen, és ha mindhármat megveszed, teljesen le leszel égve. Mit teszel egy ilyen helyzetben? Megkérdezed, hogy: „Most kell, hogy megvegyelek?"

Tényleg birtokolni akarsz engem? Valaki megkérdezte tőlem: „Van valami, amit meg szeretnék venni, mert bulis lenne, ha birtokolnám, de amikor feltettem neki a kérdést, hogy hozna-e nekem pénzt, nemet mondott. Még mindig meg szeretném kapni, hiszen bulis lenne. Meg kellene vennem?"

A válaszom az volt, hogy "Nem."

De van valami, amit megtehetsz egy ilyen helyzetben. Tedd fel a kérdést: „Tényleg birtokolni akarsz engem?" Ha a válasz igen, kérdezd meg: „Milyen áron hoznál nekem pénzt?" Meg fogja mondani neked, te pedig ajánlatot tehetsz rá. Amikor ezt teszem, kilencvenkilenc százalékban elfogadják az ajánlatomat.

Dain mostanában azt mondta, akar egy szőnyeget a szobájába, mire én: „Van egy nagyszerű kínai Nichols szőnyeg ebben meg ebben a boltban." Elment megnézni. A tulaj 3.500 dollárt kért érte, ami állítása szerint eredetileg 5.000 lett volna.

Dain megkérdezte a szőnyeget, „Hozol majd nekem pénzt?", de az nemet mondott.

Akarta a szőnyeget, de amikor az nemet mondott, azt gondolta: „Hát, kár."

Felhívott, és azt mondta, „A szőnyeg azt mondta, nem hozna nekem pénzt, szóval nem fogom megvenni, pedig annyira menő. Ez az egyetlen szőnyeg, amit láttam, aminek tökéletes a mérete és a színe."

„Kérdezd meg, van-e az az ár, amiért pénzt hozna neked."

Elkezdte kérdezgetni: „3.000 dollárért hoznál nekem pénzt?"

A szőnyeg nemet mondott. „2.750 dollárért hoznál nekem pénzt?"

Ismét nemet mondott. Végül, megkérdezte: „Hozol majd nekem pénzt, ha 2.500 dollárért veszlek meg?" És igent mondott.

Így Dain azt mondta a tulajnak: „Tudom, mennyire kedves öntől, hogy kedvezményt ad, mert ismeri Garyt, és ezt értékelem, de csak 2.500 dollárt vagyok hajlandó elkölteni.

„Elfogadom."

3.500 dollárért a szőnyeg nem hozna neki pénzt. Ez egy egyértelmű nem volt, de amikor lement 2.500 dollárra, minden kinyílt, és nagyon menő volt annyiért elhozni.

Valójában, amikor egy tárgyhoz beszélsz, amit meg szeretnél venni, rájössz, hogy a szőnyeg, vagy akármi legyen is az a tárgy, kommunikál veled. A szőnyeg tudja, mennyiért fogja őt eladni a tulaj. Te nem. A szőnyeg hajlandó okosabbnak lenni nálad.

Szólj, mikor kell eladnom téged, hogy pénzt csináljak. Amikor azon gondolkodsz, hogy részvénybe, aranyba, ezüstbe, vagy ehhez hasonlóba fektetsz be, fel kell tenned a kérdést: „Hozol majd nekem pénzt?" De ha egyszer már belefektettél, napi szinten ébernek kell lenned. Kérd meg: „Szólj, mikor kell eladnom téged, hogy pénzt keressek rajtad." Máskülönben túl sokáig fogod tartogatni, és leesik az értéke.

Ismerünk egy hölgyet, akinek volt egy embere, aki kezelte a befektetéseit. Ez egy barátja volt, aki két és fél hónap alatt 70.000 dollárt csinált neki a 10.000 dolláros befektetéséből. Egy ponton a nő tudta, hogy ki kellene vennie a pénzét, de nem akarta megbántani a barátját, hiszen olyan sok pénzt csinált neki. Megtartotta a befektetését, hiába tudta, hogy ideje eladnia. A következő hat hónap alatt a befektetésének az értéke 70.000 dollárról 7.500 dollárra esett.

Megkapta az információt, hogy: „Most vedd ki a pénzed", de nem tette. Amikor befektetsz valamibe, muszáj ébernek lenned rá, hogy ennek van egy időkerete. Győződj meg róla, hogy megkérted a befektetésedet, hogy mondja meg, mikor add el, hogy pénzt csinálj magadnak.

Ha befektetési tanácsadó vagy, játszhatsz ezzel az ügyfeleid számláin, hogy lásd, működik-e. Kérd meg: „Részvény, mondd meg, amikor itt az ideje, hogy eladjalak." Add el a részvények egy részét, amikor azt mondja, hogy add el, egy részét pedig tartsd meg. Nézd meg, melyik hoz neked több pénzt. Tavaly az arany durván 100 dollárnyit emelkedett-süllyedt havonta. Ha megkéred az aranyat, hogy: „Mondd meg, melyik nap kell eladjalak", és: „Melyik nap kell megvegyelek," és meg is teszed, rengeteg pénzt kereshetsz.

Ez olyan, mint megtanulni egy új nyelvet. Játssz vele, és ahogy játszol, egyre inkább észreveszed az árnyalatnyi különbségeket, és egyre tisztábban fogod tudni, hogy „nemet mondott" vagy „igent mondott." Ha folyamatosan dolgozol ezekkel a kérdésekkel, végül sokkal jobban fogod tudni megválasztani azt, hogy mikor van itt az ideje annak, hogy vegyél vagy eladj.

Van bármi, amit tehetnénk veled, hogy több pénzt csináljunk belőled? Mivé szeretnél válni? Az ötlet, hogy birtokoljuk a pénzt, sok ember számára érthetetlen. Ha pénzt látnak, ami nincs befektetve, azt gondolják: „Az a pénz veszít az értékéből. Használnom kellene." Nem hajlandóak birtokolni a pénzt. Azt gondolják, csinálniuk kell vele valamit. Ha olyan helyzetbe kerülsz, hogy van pénzed, amit szeretnél valamilyen módon befektetni, megkérheted a pénzedet, hogy segítsen neked még több pénzt csinálni. Kérdezd meg tőle: „Van bármi, amit tehetnénk veled, hogy több pénzt csináljunk belőled? Mivé szeretnél válni?" Meg is kérdezheted valamitől, hogy mennyiért add el.

Mennyiért kelnél el? Valójában birtokolsz bármit? Nem. Birtoklod az autódat? Nem. Miért nem? Mert munkába mész, hogy kifizesd, míg ő nem megy munkába, hogy fizessen neked. Ő birtokol téged, nem te őt. Nem birtoklod a bútoraidat, a házadat vagy bármi mást, mivel te vagy az, aki dolgozik azért, hogy kifizesd őket, karban tartsd őket, fényezd őket és kitakarítsd őket. Te vagy a szolgálója és szolgája a saját házadnak és a dolgaidnak. Nincs semmid, amit birtokolnál. Te vagy mindennek az gondviselője. Ennyi vagy. Te vagy a gondnok. Átmenetileg felügyeled ezeket a dolgokat. Nem birtoklod őket, csak a tulajdonodban vannak ebben a pillanatban. Fontos, hogy ezt tisztázzuk. Te fizetsz nekik, és keményen dolgozol, hogy gondoskodj róluk. Talán nem lenne rossz ránézni, hogy ők biztosítanak-e neked bármit. Sok ember, amikor végre belegondol, rájön, hogy: „Én nem akarom fényezni az ezüstöt és leporolni a bútorokat!"

Azt szoktam ilyenkor mondani nekik, hogy: „Akkor kérdezd meg, hová szeretnének menni, ahol az emberek szeretik majd leporolni. Vagy vegyél fel valakit, aki gondoskodik majd róla. Vagy tedd el dobozokba. Vegyél olyan bútort, amit nem kell fényezni. Szerezz be menő, rozsdamentes acél bútort, amit nem kell políroznod. Szerezz arany bútorokat. Az aranyat nem kell fényezni."

Néhány ember élvezi, hogy gondoskodhat dolgokról. Általában nem szeretek mosogatni, mégis imádom elmosni a porcelánunkat. Élvezem a víz, a szappanhab, a kezem és a tányérok kölcsönhatását. Amikor kapcsolatba kerülök ezekkel a dolgokkal, jó érzéssel tölt el, és hozzáad az életemhez. Békeérzetet ad, ha elmoshatok valamit, ezért élvezem, hogy gondoskodhatok róluk.

De ha nem élvezed, ha gondoskodhatsz valamiről, kérdezd meg: „Mennyiért kelnél el?" Ha rajtad ragadt valami, amit anélkül vásároltál meg, hogy megkérdezted volna, hoz-e neked pénzt, feltehetted a kérdést: „Szeretnél az életemben maradni, vagy van valaki más, akit birtokolni akarsz?"

Aztán kérdezd meg tőle, hogy „mennyiért kelnél el?"

Amikor házat készülsz eladni – vagy bármi mást –, mindig kérdezz rá, „Mennyiért kelnél el? Legyen 350? 400? 425? 450 dollár? Oké, kevesebb, mint 450 dollár. Legyen 435 dollár? Oké, kevesebb, mint 435. 432 dollár? Oké!" Szóval ennyit fogsz kérni érte.

Ismertem olyanokat, akik a farmjukat akarták eladni. Egy örökkévalóságon át árulták 12 millió dollárért, és senki nem vitte el.

Az ingatlanügynök azt mondta: „Lejjebb kell vinnünk az árat 9 millióra."

Én pedig megkérdeztem a tanyát: „Mennyiért szeretnél elkelni?"

Azt mondta: „15 millióért."

El tudod képzelni az ingatlanos arcát, amikor a tulajok felemelték az árat 15 millióra?

„Ezt nem tehetik!"

„De igen, megtehetjük; felemeljük az árat 15 millióra."

Két héttel később egy teljes áras ajánlatot kaptak egy vevőtől, aki pont olyan farmot keresett, mint amilyen az övék volt. A vevők eldöntötték, hogy a tanya, amit keresnek, 15 millióba kerül. Nem nézelődtek a 12 milliós árkategóriában. 15 milliót akartak fizetni.

Kit akarsz birtokolni? Árulod már a házad? Ne próbáld meg eladni a házad, hanem inkább kérd meg, hogy keresse meg az új tulajdonosát – az embert, akit birtokolni akar.

Néhány barátunk új ház után nézelődött, mert az akkori lakhelyük nem volt elég nagy a számukra. Egy nap találtak egy helyet, harminc napos beköltözési megállapodással – de még el sem kezdték árulni a lakásukat.

Felhívtak, hogy mitévők legyenek.

„Kérd meg a házatokat, hogy kerítse elő azt az illetőt, akit birtokolni szeretne. Aztán húzzátok bele az energiát a házba az univerzum minden sarkából, és hagyjátok, hogy az energianyalábok kifussanak mindenkihez, aki keresi, csak még nem tud róla. Aztán keressetek egy ingatlanügynököt.

Két óra múlva felhívta őket egy ingatlanos, és megkérdezte: „Van bármi esély rá, hogy eladó a lakásuk?"

Pár nappal később egy teljes árú ajánlatot kaptak, harminc napos beköltözéssel. Simán átköltöztek egyik házból a másikba. Ez egy nagyszerű példája annak, hogyan tudsz más lehetőséget generálni, amikor hajlandó vagy feltenni kérdéseket, és a dolgok energiájából működni.

Amikor van egy házad, ami valaki mást szeretne birtokolni, egyszerűen csak húzz bele energiát az univerzum minden szegletéből, majd kérd meg az energiát, amit belehúzol, hogy áramoljon ki minden olyan emberhez, aki azt keresi, csak még nem tud róla. Aztán kérd meg a házat, hogy egyenlítse ki az energiát, amikor besétál az ajtón az a személy, akit birtokolni szeretne. Az univerzum minden részéből energiát húzol be, így amikor a „megfelelő" ember felbukkan, a ház elkezdi ugyanezt a mennyiségű energiát az emberbe tolni, mire az illető felkiált: „Ó, ez az a ház, amit kerestem!" Felismerik, hogy az energia, amit kapnak, az az energia, amit keresnek.

Egy hölgy elmesélte, hogy volt egy háza Floridában, ami másfél évig volt piacon. Hallott az energiakiegyenlítésről, amikor egy Access szemináriumon volt Seattle-ben, és rögtön elkezdte használni. Másnap valaki New Hampshire-ből, aki nem is járt a lakásában, megérezte az energiát. Felhívta a hölgy ingatlanügynökét, és ajánlatot tett a házra.

Használj kérdéseket az üzletedben

Az emberek hajlamosak arra, hogy beindítják a párkapcsolatukat vagy az üzletüket, majd megpróbálják ugyanolyannak megtartani, gondolván, hogy továbbra is ugyanolyan eredményeket fognak elérni. De ez nem így működik. Bármikor hajlandónak kell lenned változtatni dolgokon. A legtöbb üzletnek egy hetvenöt éves élettartama van, ami egy ember várható élettartama. Miért van ez? Mert amikor az embereknek lesz egy jó ötlete egy üzlethez, abból kezdenek el teremteni. Aztán eldöntik, hogy megvan a jó ötlet, és nem változtatnak semmin. Mindent pontosan ugyanúgy hagynak. Ugyanezzel a módszerrel öljük meg a testünket. Ha eldöntöd, hogy „helyesen" étkezel, és csupa „jó" szokásod van, akkor nem foglalkozol a testeddel az adott pillanatban. Eldöntöd, hogyan kellene valaminek lennie, és ragaszkodsz ehhez a döntéshez. A tested lehet, hogy szeret vegetáriánus lenni két-három évig, aztán azt mondja: „Oké, elég volt ebből. Valami mást akarok." Ez megtörtént velem. Három évig vegetáriánus voltam, majd egy nap besétáltam egy étterembe New Yorkban, és a testem azt kiáltotta: „Steak! Steaket akarok!"

„Oké, rendben", és rendeltem egy steaket.
A pincér megkérdezte: „Hogyan szeretné?"
„Nyersen."
„Úgy nem tudjuk adni."
„Mi a legkevesebb, amennyit sütni tudják?"
„Egy percig mindkét oldalon."
„Oké, akkor úgy szeretném."

Ez volt a legfinomabb dolog, amit valaha ettem. Voltam vegetáriánus korábban, és amikor visszatértem a húsevéshez, a testem három napig mindent kihányt. Ezúttal nem. A steak pontosan az volt, amit a testem akart. Most hallgatok a testemre, és megmondja nekem, mit akar. Nincs az a nézőpontom, hogy „ezt megeszem – ezt pedig nem eszem meg."

Ugyanez érvényes az üzletedre. Ha eldöntöd, hogy „mi így üzletelünk", megrekedsz, mert kijössz a kérdésből. Abbahagyod azt, ami új, abbahagyod a teremtést. Szép lassan a halálba szállsz. Ez gyakran megtörténik nagy cégeknél. Az IBM például nagy halnak számított a számítógépiparban, mígnem mindenféle kisebb cégek, akik innovatívabbak voltak, be nem jöttek a képbe, és el nem vették a piaci részesedésük elég nagy részét. Az IBM nagy hanyatlásba kezdett. Egy nap végül azt mondták: „Hm, két választásunk maradt: változtatunk vagy meghalunk." Behoztak embereket, hogy lássák, mit tudnának másként csinálni. Most teljesen más a vállalati kultúrájuk, és minden területen, ahol újítottak, ismét növekedni kezdtek. Manapság sokkal inkább működnek a Google-höz hasonlóan, mint a régi, öreg, konzervatív IBM-ként.

Min változtathatok, ami több üzletet generál ma, holnap, és minden nap azután? Kérdéseket feltenni az üzleteddel kapcsolatban segít, hogy olyan változásokat hajts végre, amik megtartják azt élőnek és termelőnek. Egy hasznos kérdés: „Mit változtathatok meg, ami több üzletet termel ma, holnap, és minden nap azután?" Gyakran az, amit megváltoztatsz, átalakítja az üzletedet, hogy az gazdaságilag élhetőbb legyen. A válasz pedig nem feltétlenül a leépítés, habár az is lehet. Nem azt mondjuk, hogy semmit nem kellene elengedned. Hajlandónak kell lenned elengedni bármit, aminek mennie kell, legyen ez akármi – párkapcsolat, alkalmazottak vagy valamilyen tárgyad –, hogy minden hozzájárulhasson az élethez, amire vágysz.

Néha helyénvaló egy leépítés, ilyenkor bocsáss el embereket, vagy csökkentsd a fizetésüket. Ha ezt tervezed, adhatsz nekik választást. Leülhetsz velük és elmondhatod: „Nehezen viseljük ezeket a gazdasági időket, így két választásunk maradt; elküldhetünk egy csomó embert, vagy mindenkinek csökkentjük a fizetését. Melyiket részesíti előnyben? Inkább választaná az elbocsátást vagy a fizetéscsökkentést?" Elképesztő, mennyi ember fogja megkérdezni: „Nos, nem tehetnénk valamit, hogy több üzletet generáljunk?" Ők azok, akiket érdemes megtartani! Ha senki nem teszi fel ezt a kérdést, valószínűleg nem a megfelelő embereket alkalmaztad, ami azt jelenti, hogy helyesen döntesz, ha megszabadulsz néhányuktól, vagy csökkented a fizetésüket.

Ha elbocsátom ezt az embert, az több pénzt fog termelni? Ez egy nagyon hasznos kérdés, hiszen vannak emberek, akik hozzájárulnak az üzleted energiájához, még ha látszólag nem is csinálnak túl sokat. És vannak emberek, akik látszólag mindent beletesznek, de valójában rombolják az üzletedet. Tedd fel a kérdést: „Ez az ember több pénzt termel az üzletem számára? Az generál több pénzt és üzletet, ha megtartom őt, vagy ha megszabadulok tőle?" Ezek nagyon fontos kérdések, mivel lehet, hogy egy leépítésre van szükséged ahhoz, hogy gazdaságilag élhetőbb körülményeket teremts – de nem biztos, hogy ez a helyes cselekedet.

Ez az ember több pénzt fog csinálni? Használj kérdéseket akkor is, amikor felveszel embereket. Tedd fel a kérdést: „Ez az ember több pénzt fog csinálni? Ez az ember hozzá fog járulni az üzletem tudatosságához?" Mi ez alapján választjuk ki, kit veszünk fel.

Egy nap Dain és én egy étteremben ebédeltünk, és hallottuk, ahogy a férfi a szomszédos asztalnál próbálja meggyőzni a nőt, hogy fogadjon el különböző százalékokat az eladásai után. Azt mondta: „Tizenöt százalékot adunk neked, ha az éves eladásod egymillió felett van, és tíz százalékot, ha eléri az 500.000 dollárt. Választhatsz. Melyiket akarod – a tíz százalékot vagy a tizenöt százalékot? Ha nem éred el az egymillió dollárt, csak tíz százalékot adunk, még akkor is, ha az eladásaid meghaladják az 500.000-ret." A bukásra készítette fel. Nem ajánlotta fel neki a tizenöt százalékot mindenért, ami 500.000 fölött van, csak mindenért, ami egymillió fölött van. Még ha közel is kerül, de nem éri el a becélzott egymilliót, megszívja.

Dain odament a férfihez és felajánlotta, hogy ingyen tanácsot ad a nőnek, hiszen ez pont egy olyan terület volt, amiben gondolkozott, hogy elmerül, mire a fickó felkapta a vizet. „Értékesítési vezető vagyok egy Fortune

500-as cégnél!" Dühös volt, amiért Dain közbeavatkozott, mivel kitalálta, hogyan húzza csőbe a nőt, és vegye rá, hogy keményebben dolgozzon. Ez az, amit a legtöbb üzlet csinál. Ahelyett, hogy megjutalmaznák a személyt, aki hozzáad az üzlethez, megbüntetik az alkalmazottakat, amiért nem érik el a kitűzött célt, amiről pontosan tudják, hogy nem érhetik el, így csak a kisebb százalékot kell kifizetniük. Miért ne jutalmaznád meg az embereket, akik neked dolgoznak, ahelyett, hogy büntetnéd őket?

A kérdés az: „Generálni akarod az üzletedet – vagy el akarod pusztítani az üzletedet?" Ez az értékesítési vezető alapvetően rombolta azt. A Fortune 500-as cége talán egyszer Fortune 200-as lesz a jövőben.

Itt van néhány kérdés, amit használhatsz, hogy pénzt termelj az üzletedben. Segítenek neked, hogy megteremtsd az energiát, ami az üzleted jövőjét generálja.

Mit tehetek azért, hogy emelkedjenek az eladásaim?

Mit tehetek azért, hogy növeljem az üzletet?

Mi lehetek, mit tehetek, teremthetek vagy generálhatok ma, ami több üzletet fog generálni és teremteni?

Mi lehet az üzlet, mit tehet, birtokolhat, teremthet és termelhet ma, ami még több üzletet fog generálni most és a jövőben?

Teremtsd a jövőt

Ha igazán szeretnél pénzt termelni az életedben, rá kell nézned, mit fogsz generálni ma és a jövőben. Felismered, hogy talán még nincs annyi pénzed, mint amennyit szeretnél, de tudod, hogy most hajlandó vagy x összegű pénzt birtokolni, és hogy szeretnél valami mást generálni a jövőben.

A generálás az akkumulátor vagy elem, ami mindent mozgásban tart. Ha lemerül az iPodod eleme, az nem fog működni. Ha lemerül az aksi a telefonodban, hirtelen kikapcsolja magát. Olyan, mintha te lennél az életed elektromos rendszere. Te vagy a generátor; te vagy, aki mindent életben tart. Van ennek egy folyamatos teremtésérzete.

Látunk embereket, akik eldöntik, hogy: „Ha ezt a szolgáltatást nyújtom ennek az embernek, ő pénzt fog adni érte." Jó, pénzt fog adni neked. De azt is meg kell kérdezned: „Fog ez a jövőben is generálni valamit?" Nem sok emberben merül fel, hogy feltegyen egy ilyen kérdést. Csak a mának élnek. Nem összpontosítanak a jövő generálására. Az emberek azt hiszik, a jövő majd gondoskodik magáról. Ez a különbség aközött, hogy pénzt kapsz, vagy hogy van pénzed. Ha pénzed lesz, azt hajlandónak kell lenned ma is és a jövőben is éppúgy generálnod. Tedd fel a kérdést: „Ha ezt teszem ma, mit fog ez nekem a jövőben teremteni?"

Véghezvitel kontra hozzájárulás. Gyakran látunk embereket, akik azt mondják: „Pénzt kell keresnem, hogy kifizessem az albérletemet", így hát mennek és keresnek elég pénzt, hogy kifizessék a bérleti díjat. Ha ez megvan, nem használják többet a generatív energiájukat. Azt gondolják: „Na, ezt elintéztem. Megvan a bérleti díj. Most már leállhatok." Ez nem így működik. Semmi nincs elintézve az életedben; te intézed a saját életedet. Az életed nem ér véget attól, hogy megcsináltál valamit. Ez az ötlet egy start-stop hurokba kényszerít. Ha úgy éled az életed, mintha befejező pontjai lennének, lecsökkented az általad használt energiamennyiséget, így a pénzáramlás lelassul, amíg el nem érkezik a következő vészhelyzet, amikor is újra őrült módjára generálni kezdesz.

Az univerzumban nincsen befejezettség. Befejeződik egy molekula vagy egy atom? Soha. Az energiát nem lehet elpusztítani, egyszerűen csak átalakul és megváltozik. Sosem fejeztél be semmit az életedben, csak új lehetőségeket teremtettél. Minden alkalommal, amikor máshonnan nézel rá valamire, hozzájárulsz egy új lehetőséghez az életedben, vagy valami nagyszerűbb teremtésének a beindításához. Mi lenne, ha minden alkalommal, amikor végrehajtottál valamit, nem befejezésként, hanem hozzájárulásként tekintenél rá? Igazság szerint az is. Minden, amit véghezvittél, egy hozzájárulás a következő dologhoz, amit generálsz. Folyamatosan halad, folyamatosan generál. Sok embernek tanították azt, hogy „végrehajtsa" a feladatokat, mintha a végrehajtás valóban létezne. Elérhetsz dolgokat, de amikor így teszel, folytasd a generálást. Tedd fel a kérdést: „Most mit generálhatok, ami ennél is nagyszerűbb?"

Megtanultuk, hogy mindig el kell intéznünk dolgokat. „Mit fogsz ma elintézni?" Kész. Befejezve. Levehetem a listámról. Egy időben minden reggel, ébredés után összeírtam a tennivalóimat egy háromoldalas listára. Nagyon dinamikusan dolgoztam, hogy befejezzem a listám, mégis nagyon keveset értem el belőle, mert a fókuszom a végrehajtáson volt a generálás helyett. Amikor elkezdtem máshogy működni és feltettem a kérdést: „Oké, mi lehetséges ma?", képes voltam meglátni, mit akart a nap, hogy csináljak, és hogy hogyan létezzek, ahelyett, amiről azt gondoltam, hogy meg kell csinálnom, és ahogy gondoltam, hogy léteznem kell.

Még ha paradoxonnak is hangzik, ha túl sok dolog van körülötted és nem tudod befejezni őket, az azért van, mert nem generálsz eleget. Nincs elég történés az életedben. Akkor tudod befejezni azokat a dolgokat, ha többet teszel az életedbe. A kérdés, hogy „Mit adhatok az életemhez?", a generálásról szól. Ez a „Mi más lehetséges még?"

Pénzt generálni a mai napra ilyen: „Pénzt kell szereznem a lakás finanszírozására. Elég pénzem kell, hogy legyen, hogy törlesszem az autómat a következő öt évben. Szükségem van x összegre. Szükségem van erre, szükségem van arra." Ha nem tervezed el, mid lesz holnap, nem fogsz ma a holnapnak termelni. Csak ellébecolod a mát. Ez nem az életed generálása. Ez összpontosítás, hogy megszerezd a pénzt, amire szükséged van ma, hogy biztosítsd azt, hogy nem veszíted el azt, amid van. Folyamatosan generálsz? Az életed folyamatos áramlásban és növekedésben, vagy egy start-stop hurokban van? Nem árt, ha az életed folyamatos növekedésben van.

Egy elmozdulás a szemléletedben megváltoztatja azt, ahogy a dolgokra nézel. Tedd fel a kérdést: „Mi lenne, ha ránéznék, a választásaimnak milyen hatása lesz a jövőmre nézve, a pénzzel kapcsolatban?" Ez egy jó kezdet. A szemléletmód-váltás megnyitja az éberségedet. Mintha egy úton sétálnál, és nem látnál semmit a jobbodon és a balodon, mert eldöntötted, hogy egyenesen előre kell nézned. Ekkor hirtelen megváltozik az éberséged, és körbenézel. „Azta! Vannak dolgok tőlem jobbra és balra, amiket sosem láttam azelőtt!" Kiszélesedik a perspektívád, amikor úgy döntesz, hogy: „Többé nem csak a mának élek, hanem a helyére teszem mindazt, ami azt a jövőt generálja, amit szeretnék és élveznék." Nagyobb éberségbe léphetsz és megváltoztathatod a szemléletedet, hogy lásd, mi van a jobbodon és a balodon, szimplán azzal a szemlélettel, hogy: „nem csak most, hanem a jövőben is", és kérdéseket teszel fel, hogy pénzt termelj most és a jövőben.

Meg kell értened, hogy csak azzal tudsz hatalmas mennyiségű pénzzel teli jövőt generálni, amit választasz nap, mint nap. A mostnak és a jövőnek is választasz. Sosem éred utol a jövőt, hiszen a jövő mindig is a jövő marad. Ez az oka, hogy fel kell tenned a kérdést: „Mi lehetek, mit tehetek, birtokolhatok, teremthetek vagy generálhatok ma és a jövőben?" Ez az a kérdés egyébként, amivel érdemes elkezdeni a napodat.

Azonnali eredmények. Sokan gondolnak úgy a pénzre, mint ki- és beáramlásra. Azt hiszik, hogy ha kiáramoltatnak egy kis erőfeszítést, az majd azonnal nagyszerű pénzügyi eredményeket áramoltat be – de ez nem így működik. Ez a nézőpont gondot okoz, mert amikor nem látnak azonnali eredményt, elérvénytelenítik a pénztermelő képességüket.

Lehet, hogy az energia, amit ma kiküldesz, hatalmas mennyiségű pénzt generál, de elképzelhető, hogy nem fogod azt még hat hónapig látni. A most és az akkor között pedig csábító lehet arra gondolni, hogy: „Ez nem teremtett semmilyen eredményt. Semmit nem generáltam ma. Ami azt jelenti, hogy nem lesz semmi holnap sem." Amikor ilyen döntést hozol, pontosan ez is fog történni. Eldöntötted, hogy nem működött, ami azt jelenti, hogy ha működne is hat hónap múlva, nem fogod megkapni az eredményét. Elpusztítod az eredményt, mielőtt megkapnád. Megállítod a generálást, amit lendületbe hoztál, olyan döntésekkel, mint: „Ez semmilyen eredményt nem hozott." Ez az egyik legnagyobb különbség azok között az emberek között, akik sikeresek az üzletben, és akik nem. A sikeres emberek nem vonják le ezt a következtetést, hanem kérdésben maradnak: „Nos, mit teremtett ez?" és „Mi más lehetséges még?"

Nem tudod, mi lesz a választásaid eredménye. Tudtad például tíz évvel ezelőtt, hogy a választásaid a jelenlegi életedet teremtik majd meg? Épp ezért kell feltenned a kérdést: „Mi lehetek, mit tehetek, birtokolhatok, teremthetek vagy generálhatok ma, ami több pénzt hoz ma és a jövőben?" Hajlandónak kell lenned egyszerre generálni ma, holnap és a jövőben. Az emberek azt gondolják: „Megpróbáltam, de nem működött." Az, hogy „nem működött", azt jelenti, hogy „itt a vége". Ez megállítja az energiaáramlást és az összes jövőbeni lehetőséget. Az, hogy ez „nem működött", nem feltétlenül igaz. Annyi biztos, hogy még nem történt meg. Az emberek folyton ezt csinálják. Nemteremtetté kell tenned a bizonyító kitalációidat, amik miatt türelmetlenné válsz és nem vagy hajlandó megvárni, hogy felbukkanjon, amit generáltál.

Amikor először elindítottam az Accesst, sorban álltak az emberek, hogy Access kurzusokra járjanak? Nem! De elkezdtem beszélgetni az emberekkel. Felhívtam mindenkit, akit legalább hat hónapja ismertem, és megkérdeztem, hogy van, és mi történik az életében, de sosem mondtam semmit az Accessről, hacsak nem kérdeztek rá. Ha megkérdeztek, elmondtam, mivel foglalkozom, és megkérdeztem: „Ismersz bárkit, akit ez érdekelhet?" A legtöbben azt mondták: „Így elsőre nem... De ha jobban belegondolok, mi lenne, ha összehoznék neked pár embert, hogy bemutatót tarts, és így segíthetek neked." Azáltal, hogy beszélgettem az emberekkel, teremtettem a jövőt. Sosem állítottam meg az energiát. Van egy hölgy, akinek húsz évig meséltem az Accessről, mire végre elkezdett kurzusokra járni. Van ehhez türelmed? Vagy azt gondolod: „Ha nem történt meg tegnap, nem is fog?"

Eldöntötted, hogy a beáramlásod nem gyorsabb a kiáramlásodnál? Minden bizonyító kitalációt és DISZK-et, amit azért kell gyártanod, hogy így is legyen, elpusztítod és nemteremtetté teszed, kérlek? Helyes, helytelen, jó, rossz, POD, POC, mind a 9, rövidek, fiúk, POVAD-ok és túlontúl.

Követeld meg. Néhány ember folyamatosan célokat tűz ki maga elé. „Az a célom, hogy egymillió dollárom legyen két éven belül." A célkitűzésekkel csak az a gond, hogy korlátokká válhatnak. Mondjuk, eldöntöd, hogy akarsz egymillió dollárt. Oké, ennyi. Megvan az egymillió dollárod. Felül fogod múlni ezt az összeget? Nem. Ez azért van, mert a cél nem más, mint egy határ vagy hely, ahol a verseny vagy kalandozás véget ér. Ez a szó a határ vagy a korlátozás középkori angol megfelelőjéből származik.

Ha eléred a célod, de nem ismered el, el kell pusztítanod azt, amid van, hogy újrakezdhesd, és ismét elérd ugyanazt a célt. A célkitűzés viszont olyasmi, amire folyamatosan lőhetsz. Akkor is lőhetsz még, ha elvéted a céltábla közepét. A cél egy döntés; a célkitűzés egy kérdés. Oké, mire lőhetek? Ez inkább egy választás. Lőhetsz más célpontokra is, sőt, egyszerre több célpontod is lehet.

Vannak emberek, mint például Tony Robbins, akik azt tanítják, hogy meg kell határoznod a szándékodat, és terveket kell szőnöd, hogy elérd a célod. Szerintük kell, hogy legyen terved, szándékod és célod ahhoz, hogy olyan életet teremts, mint x, y és z. Azt tanítják, hogy: „Ezt kell tenned, hogy megkapd azt." Próbáltad már valaha így csinálni? Hogy működött neked? Ez a megközelítés működhet azoknak, akik egy olyan szemlélettel közelítik meg az életet, hogy: „Ezt, ezt, ezt és ezt teszem, hogy megkapjam a pénzem, nyugdíjba vonuljak és meghaljak", de a legtöbb ember számára ez a megközelítés nem működik túl jól. Semmi köze ahhoz, hogy jelen vagy-e az életedben, és megtapasztalod-e az élet örömét. Az egyetlen dolog, ami valóban működik, ha megkövetelsz.

Amikor eljutsz oda, hogy hajlandó vagy megkövetelni, a dolgok megváltoznak. Voltál valaha olyan párkapcsolatban, ami nem működött neked? Nem tett igazán boldoggá, de nem akartad megváltoztatni, így csak folytattad úgy, ahogy volt. Végül egy nap besokalltál. „Ennek meg kell változnia. Vagy megváltoznak a dolgok, vagy megölöm magam.

Nem érdekel, melyik." És hirtelen megváltozott. Ez az ereje annak, ha megkövetelsz.

Arról beszélünk, hogy követeld meg, amire önmagadtól – vagy az üzletedtől – vágynál. Nem arról, hogy követeld meg másoktól. Nem arról van szó, hogy megköveteled, hogy mások jól csinálják, vagy felfogják, vagy prezentálják neked, amire szükséged van. Az egyetlen ember, akit tényleg meg tudsz változtatni, az te vagy. Meg kell követelned magadtól: „Rendben, ennyi volt. Nem érdekel, mibe kerül, ez megváltozik."

Nem ítéled meg magad. Nem becsmérled vagy hibáztatod magad. Egyszerűen csak megköveteled magadtól a változást. „Nem érdekel, mibe kerül, egy éven belül lesz önálló keresetem. Megszerzem az életet, amit valójában akarok."

El kell jutnod ahhoz a ponthoz, amikor azt mondod: „Nem fogok tovább így élni. Nem érdekel, hogy fog kinézni, de más lesz." Ne próbálj megjavítani valamit, ami nem működik. Ha az életedben valami nem működik, követeld meg, és csinálj valami mást. A megkövetelésed teremti a jövődet. „Megkövetelem, és nem érdekel, mibe kerül, megváltoztatom a jelenlegi pénzügyi helyzetemet. Ez mostantól más lesz." Ne mondd, hogy „jobb lesz". Miért ne? Mert a jobb egy ítélet. A jobb annak a referenciapontján alapszik, amid volt, míg a más nem alapszik referenciaponton. Meg kell követelned, hogy bármibe is kerüljön, más jövőt fogsz teremteni.

Amikor nem azt generálod, amit szeretnél az életedben, ezer indokkal fogsz előrukkolni, miért nem csinálod: „Ez túl nehéz." „Ez nem fog működni." „Ezt már próbáltam egyszer korábban." Indokolással meg tudsz változtatni bármit? Nem! Csak meg kell követelned: „Megcsinálom, bármi áron." Amikor eljutottam oda, hogy Accessezni fogok, azt mondtam: „Nem érdekel, mibe kerül, megcsinálom."

Kérni valamit szánalmas dolog. Követeld meg. „Megkapom – és kész." Volt már valaha, hogy kértél egy pohár vizet egy étteremben: „Kérem, uram, kaphatnék egy kis vizet?", és a pincér nem vett rólad tudomást? Így hát újra kérted: „Kérem, uram, kaphatnék egy kis vizet?", és megint figyelmen kívül hagyott. Mígnem azt mondtad: „Szeretnék egy kis vizet, most!" Semmibe vett? Nem. Ez egy megkövetelés volt.

Az emberek azt kérdezik: „Magamtól vagy az univerzumtól követeljem meg?" A válasz: megköveteled és kész. Én, saját magam, és az univerzum is. Minden. „Megkövetelem, hogy ez megváltozzon, most."

A megkövetelés az első lépés. Aztán fel kell tenned a kérdést: „Mibe kerülne, hogy ez felbukkanjon az életemben?", vagy „Mibe kerülne ezt megváltoztatni?" A kérdés utat nyit, hogy észrevegyél más lehetőségeket. Amikor ezt csinálod, a dolgok jobbra fordulnak, és a lehetőségek elkezdenek felbukkanni. Váratlan helyekről érkezik hozzád pénz.

Állítsd munkába az univerzumot a saját nevedben. Aggaszt a pénzügyi felfordulás, ami a világban zajlik éppen? Nem tudod, mitévő legyél, és hogyan lépj túl rajta? Nem kell, hogy a nehéz gazdasági idők hatása alatt legyél. Meg kell követelned. „Tudod mit? Elegem van, hogy én is a hatása alatt vagyok annak a pénzügyi szarnak, ami mindenkit stresszel, és ami miatt az emberek meg akarják ölni magukat. Az életem meg fog változni. Meg fogom változtatni ezeket a nézőpontokat, hogy az életem más legyen." Amikor így teszel, munkába állítod az univerzumot a magad nevében, továbbá munkába állítod az éberségedet is, hogy dolgozzon a nevedben, hogy meg tudd változtatni a dolgokat. Most még nem kell tudnod, hogyan változtasd meg a dolgokat. Csak meg kell követelned: „Ez meg fog változni", és a hogyan majd megmutatja magát. De amíg nem követeled meg, a hogyan sosem fog tudni felbukkanni, mert túlságosan lefoglal téged, hogy elhidd, az anyagi helyzeted nem változhat meg.

Mit nem követelsz meg magadtól, amit ha megkövetelnél, az túl sok pénzként nyilvánulna meg az életedben? Mindent, ami nem engedi, hogy ez felbukkanjon, elpusztítod és nemteremtetté teszed? Helyes, helytelen, jó, rossz, POD, POC, mind a 9, rövidek, fiúk, POVAD-ok és túlontúl.

Mit nem követelsz meg az üzletedtől, amit ha megkövetelnél, túl nagy könnyedségként és túl sok lehetőségként nyilvánulna meg? Mindent, ami nem engedi, hogy ez felbukkanjon, elpusztítod és nemteremtetté teszed? Helyes, helytelen, jó, rossz, POD, POC, mind a 9, rövidek, fiúk, POVAD-ok és túlontúl.

Az én életem ilyen lesz. Mivel Dain és én használjuk a fentebb leírt eszközöket, minden, amit kérünk, felbukkan az életünkben. Az egyik dolog, amit kértem mostanában, egy holland intarziás íróasztal, rátéttel. Úgy döntöttem, lecserélem az egyik hálószobai bútoromat, és az íróasztalt teszem a helyére. A másik bútor készen áll, hogy elhagyja az életemet. Ugyan arról, hogy miért áll készen, fogalmam sincs. Szóval azt mondtam neki: „El akarsz menni? Nem mész sehova, amíg nem találsz magad helyett mást. Keresned kell nekem egy holland intarziás íróasztalt, nagyon jó áron. Addig rajtam ragadtál." Egy nap be fogok sétálni egy helyre, és ott lesz egy holland intarziás íróasztal méltányos áron, és azt fogom mondani: „Elviszem."

Mostanában Dain és én szőnyeget kerestünk, amivel eltakarhatjuk a padlót az irodánkban. Volt ott egy kis szőnyegünk, de nem illett oda, és amúgy is nagyobb szőnyeget akartunk, ami kitölti az egész teret. Kitaláltuk, hogy kell egy kilencszer tizenkettes szőnyeg. Körülbelül három nappal később épp az úton hajtottunk, amikor megláttunk egy szőnyeget az út szélén egy öreg kanapé mellett. Ingyen elvihette, aki akarta.

„Az a szőnyeg elég jól néz ki." Felvettük, kitisztíttattuk, és leraktuk az irodában. Jól nézett ki. Pár napra rá egy festő sétált be az irodába és felkiáltott: „Azta, ez egy tibeti szőnyeg. Nem is tudtam, hogy gyártanak ekkora méretben." Király! Tehát van most egy óriás tibeti szőnyeg az irodánkban, amit ingyen szereztünk. Nem az érdekelt minket, hogy szerezzünk egy különleges tibeti szőnyeget, mi csak egy szőnyeget akartunk, aminek jó volt a színe, a mérete és a textúrája. Bírtuk, hogy vastag és puha. A dolgok értelme az, hogy jobbá tegyék az életedet. A dolgok, amikre vágysz, akkor jöhetnek az életedbe, ha hajlandó vagy megkérni az univerzumot, hogy mutassa meg neked a lehetőségeket. Hajlandó vagy ezt tenni?

Akkor is, ha öt másodperce nem voltál hajlandó megtenni, most mi van? Mi van, ha elolvasod a történetet a szőnyegről és azt mondod: „Az életem ilyen lesz? Meglesz, igen. Olyan életem lesz, amit valóban élvezek!"

Van egy tisztítás, amit használhatsz, hogy segítsen kifejleszteni ezt a nézőpontot. Napi harmincszor kell használnod a következő hat hónapban. Milyen generatív energia, térűr és tudatosság lehetek, ami lehetővé tenné a számomra, hogy annak a birtokolt és felhalmozott pénznek az energiája legyek, ami valójában vagyok? Mindent, ami nem engedi, hogy ez felbukkanjon, elpusztítod és nemteremtetté teszed? Helyes, helytelen, jó, rossz, POD, POC, mind a 9, rövidek, fiúk, POVAD-ok és túlontúl.

A jólét generálásának
harmadik eleme

KÉPEZD MAGAD A PÉNZRŐL ÉS A PÉNZÜGYEKRŐL

Ha szeretnéd létrehozni azt a pénzügyi valóságot, amire vágysz, elengedhetetlen, hogy képezd magad a pénzről és a pénzügyekről. A legtöbbünknek semmit nem tanítottak a pénzről, azt leszámítva, hogy dolgozz keményen és spórolj – és titkolózz mindenről, aminek a pénzhez van köze. Senki nem tanít meg rá, hogyan bánj a pénzzel. Nem oktatnak a pénzről az iskolában, és a családod sem tanít otthon a pénzről. Szerencsésnek mondhatod magad, ha megtanítottak rá, hogyan egyenlítsd ki a csekkfüzeted, sokan még ezt sem tudják, csak megközelítőlegesen csinálják. „Nagyjából x mennyiségű pénzem van a bankban." Amikor pedig visszadobják a csekkjüket, nem értik, hogyan történhetett ez.

Három különálló és fontos része van annak, hogy edukáld magad a pénzről. Az első, hogy elkezdd lehámozni a hamis információt – a törmelékkupacot –, amit másoktól vettél be. A második, hogy megtudd, mennyi pénzed van, mennyivel tartozol, mennyit költesz, és hogy mennyit kell termelned havonta. A harmadik, hogy megszerezd a szükséges információt, hogy hatékonyan működj az életedben a pénzzel.

AEIOU Pod-ok, a törmelék, amit bevettél másoktól

A **Asinine** = Ostoba törmelék, amit bevettél másoktól
E **Erroneous** = Téves törmelék, amit bevettél másoktól
I **Idiotic** = Idióta törmelék, amit bevettél másoktól
O **Obnoxious** = Visszataszító törmelék, amit bevettél másoktól
U **Useless** = Haszontalan törmelék, amit bevettél másoktól

Megtanítottak rá a szüleid, hogyan generálj és teremts sok pénzt? A tanácsaik tele voltak olyan kijelentésekkel, mint például: „dolgozz keményen és spórolj" vagy „vedd meg a legolcsóbb dolgot"? Általában mindössze ennyit tanítanak a gyerekeknek a pénzről. Ez nem igazán oktatás. Ez egy nézőpont befixálása a gyerekek világába, hogy magukra vegyék ugyanazokat a nézőpontokat, amikkel a szüleik rendelkeznek. Az az elképzelés, hogy ugyanolyanok legyenek, mint a szüleik.

Amikor gyerek voltam, édesanyám állandóan azt hajtogatta nekem és mindenki másnak, aki hallotta, hogy sosem lesz pénzem, mert túl nagylelkű vagyok: „Garynek sosem lesz pénze, mert minden pénzét odaadja másnak. Nem tudja, hogyan tartsa meg a pénzt, túl nagylelkű." Azt vontam le ebből, hogy rossz dolog nagylelkűnek lenni? Dehogy, meggyőződésemmé vált, hogy bebizonyíthatom, hogy nincs igaza. Én már csak ilyen vagyok – visszataszító és fegyelmezetlen –, szeretek az ellen menni, amit emberek állítanak, hogy csinálni fogok. Megpróbálták átmosni az agyad a szüleid, hogy azzá a gazdasági információvá válj, ami szerintük helyes? Az egyik példája ennek a családomban ez volt: „Ha megvonjuk tőled azt, amire vágysz, megtanulod értékelni a dolgokat." Mielőtt bevennéd a szüleid AEIOU Pod-jait, vizsgáld meg az életüket. Azt az életet élték, amit élni szeretnél? Ha nem, érdemes megszabadulnod a nézőpontjaiktól!

Az AEIOU Pod-ok számtalan formában jelennek meg. Amikor egy szegényebb környéken nősz fel például, tudod, hogy nem szabad, hogy pénzed legyen. Amikor egy középosztálybeli környéken nősz fel, tudod, hogy ha keményen dolgozol és sokat spórolsz, elképzelhető, hogy lesz némi pénzed. Amikor pedig egy felsőbb osztálybeli környéken nősz fel, tudod, hogy ha nem vigyázol, mindent el fogsz veszíteni. És nem számít, milyen környéken nősz fel, azt tanulod meg, hogy a pénz olyasvalami, amiről nem beszélhetsz. Titkos!

Ismerünk egy férfit, aki egy vagyonos, felsőbb osztálybeli, zsidó környéken nőtt fel. Körülötte mindenki zsidó volt, ám az ő családja egy középosztálybeli olasz katolikus család volt. Azt a nézőpontot vette be, hogy csak a zsidók lehetnek gazdagok. El sem tudott képzelni olyan zsidót, aki ne lett volna gazdag, és mivel ő nem volt zsidó, egyértelmű volt számára, hogy sosem lesz vagyonos.

Volt egy barátom, akinek az apja feltaláló volt. Az apja imádott feltalálni. Rengeteg pénzt keresett az egyik találmányával, majd elosztogatta mindet. Ezután feltalált valami mást. Egyik évben egy kúriában laktak, a másikban pedig egy viskóban. A rákövetkező évben újra a kúriában voltak, majd a kunyhóban ismét. Ez volt az életük körforgása. A barátom azzal az elképzeléssel nőtt fel, hogy vagy lakmározol, vagy éhezel. Sajnos az édesapja rögtön azután halálozott el, hogy továbbadta a 10 millió dolláros üzletét. Így hát a családnak nem volt pénze, éheztek.

Egy másik barátunk azt mesélte, hogy amikor másoddiplomás képzésre járt, bevette a buddhisták azon elképzelését, hogy nem kötődnek semmihez, valamint azt a marxista nézetet, hogy mindannyiunknak egyformának kellene lennie, és hogy a fogyasztói társadalom minden gonosz forrása. Most pedig csodálkozik, hogy a pénzzel kapcsolatos döntései hatással voltak a pénzügyi helyzetére.

Számos törmelékkupac van, amit nagyon fiatalon, energetikailag vettünk be. Például sokunknak vannak olyan szülei, akik nem boldogultak anyagilag, amikor fiatalok voltak – amikor is mi a világra jöttünk. Ha ez igaz rád, akkor nulla és kétéves korod között, amikor még nem érzékelted a különbséget a szüleid és közted, a szüleid küszködtek anyagilag. Az a helyzet, hogy gyerekként tisztánlátó vagy. Magadra veszed annak a rezgését, ami körülötted történik – ha az emberek körülötted küszködnek vagy nehézségeik vannak, azt érzékeled, hogy az élet egy küszködésnek tűnik. Sajnálatos módon sokan bezárjuk a küszködéssel teli élet érzékelését a saját életünkbe. Folytatjuk a szüleink anyagi viaskodását, és fenntartjuk a korlátozásaikat, amivel gyerekkorunkban rendelkeztek.

Ezek mind AEIOU Pod-ok.

Mit mondtak a szüleid arról, hogyan generálj és teremts rengeteg pénzt? Minden AEIOU Pod-ot, amit bevettél a szüleidtől, elpusztítod és nemteremtetté teszed? Helyes, helytelen, jó, rossz, POD, POC, mind a 9, rövidek, fiúk, POVAD-ok és túlontúl.

Minden AEIOU Pod-ot, amit bevettél a szüleidtől, a vallásodtól, a környékedtől vagy a társadalmi osztályodtól, elpusztítod és nemteremtetté teszed mindet? Helyes, helytelen, jó, rossz, POD, POC, mind a 9, rövidek, fiúk, POVAD-ok és túlontúl.

A saját pénzügyeid

Nem fogsz azáltal képzetté válni a pénzről, hogy elolvasod az újságban a pénzügyi oldalakat. A legtöbb gazdasági elmélet közgazdászok elképzeléseire alapszik a fogyasztásról és tartozásról, és őket az érdekli, hogy hogyan tartsák fenn a fogyasztást – hogyan tartsák fenn a fogyasztást, hogy a gazdaság tovább forogjon. Arról kell edukálnod magad, mit jelent pénzt birtokolni – nem pedig arról, hogyan működj a gazdasági elmélet kereslet-kínálatában, amiről a pénzügyi oldalak szólnak az újságban. Ez nem arról szól, hogy okítod magad a pénzről, hanem hogy megtanulod, hogyan állj be a sorba a bárányok közé, hogy eleget kapj enni.

Azt javasoljuk, hogy másképp kezdj neki az oktatásodnak. Az első dolog, amit tenned kell, hogy kideríted, mennyi pénzed van, mennyivel tartozol, mennyit költesz és mennyit kell generálnod egy hónapban.

Mennyi pénzed van? Rendezd a csekkfüzeted egyenlegét, hogy tudd, mennyi pénzed van. Mindig légy rá éber, hol állsz anyagilag.

Mennyi a nettó értéked? Mennyit érnek az értéktárgyaid? Legyenek értéktárgyaid, hiszen ezek a vagyonod alapját képezik. Amíg nem birtokolsz olyan dolgokat, amiknek van valamilyen lényegi értéke más emberek világában, nem fogsz azzal az alappal rendelkezni, amit nettó értéknek nevezünk. A nettó érték az, amit akkor kapsz, ha összeadod a vagyontárgyaidat és levonod belőle a kötelezettségeidet. A vagyontárgyak oszlopa mindig nagyobb kell legyen, mint a kötelezettségeké. Ha nem az, akkor nem vagy egyensúlyban, és ezen változtatnod kell.

Add össze mindennek az értékét, amit birtokolsz. Ébernek kell lenned rá, mennyi pénzed van valójában, és hogy ez elég-e. Sok ember megelégszik azzal, ha szinte semmije sincs. Elég nekik, hogy van egy házuk, egy autójuk, amit törlesztenek. Biztosítva érzik magukat, mert van tető a fejük felett, és senki nem rúghatja ki őket onnan vagy emelheti meg a bérleti díjukat. Nem merül fel bennük, hogy ezek értékek vagy kötelezettségek, de neked rá kell nézned ezekre.

Sokan attól félnek, hogy ha ránéznek a pénzügyeikre, annyira elborzadnak, hogy nem lesznek képesek továbblépni, és minden rosszabbra fordul. Ezt jelenti tudatosságellenességből működni. Visszautasítják az éberséget a pénzügyi helyzetükről. Azonban amint éberré válsz rá, mi micsoda, már meg is tudod változtatni. Ha el akarsz menni Tokióba, tudnod kell, hogy Szingapúrban vagy Montanában tartózkodsz. Tudnod kell, hol vagy, hogy tudd, melyik irányba indulj el.

Részletekben fizeted a házad? Mennyit érne a házad, ha ma eladnád? Mennyi tartozás van rajta? Ha eladnád, keresnél rajta pénzt, miután kifizeted az ingatlanos részesedését és minden kiadást, ami az eladással jár? Törleszted az autódat? Lehet, hogy úgy vagy vele, hogy van egy nagyszerű kocsid és ez rendben is van – csakhogy tisztában kell lenned azzal, hogy az értéke minden évben lejjebb megy. A pénz, amivel tartozol érte, ugyanolyan ütemben csökken, mint a jármű értéke? Egy ötéves gépjárműhitel esetében legtöbbször csak az utolsó két évben kezded el törleszteni a kölcsön tőkéjét, addig csak a kamatot fizeted. Ezeket a dolgokat annak kell látnod, amik.

Mi az értéke a többi dolognak, amit birtokolsz? Én sok pénzt fektetek régiségekbe, mert szeretem őket és sok gyönyört adnak. Ha anyagilag rosszabb napom van, körbejárom a házam és összeadom minden értéktárgyam értékét, amit legalább a feléért el tudnék adni annak, amiért vettem. Miután eleget nézelődtem, azt mondom: „Ó, rendben van ez!" Tudom, hogy van elég pénzem.

A pénz öröme nem arról szól, hogy elköltöd, hanem hogy körülötted mindennek lényegi értéke van. Ez is része annak, hogy tanulsz a pénzről. Amennyiben érdekel a művészet, vedd körbe magad kiváló műtárgyakkal. Kezdd el képezni magad arról, mi számít jó műalkotásnak, mennyi az értéke, és kezdd el gyűjteni. Vedd körbe magad olyan dolgokkal, amiknek az esztétikai rezgése egyezik a tiéddel.

Mennyi pénzbe kerül az életed egy hónapban? Amikor arról beszélünk, hogy okítanod kell magad, nem azt mondjuk, hogy tanulj meg keretet szabni magadnak. Nem is arról van szó, hogy ne legyen büdzséd. Költségvetési kerettel élni nagyszerű elképzelés, de mi köze van ennek a pénz generálásához? Abban az értelemben akard, hogy kereted legyen, hogy tisztába kerülj vele, mennyi pénzt kell generálnod. A költségvetés megszabása nem segít abban, hogy teremtsd az életed, de segít abban, hogy az életedet elhelyezd annak kontextusába, amid van. Nem az a cél, hogy belepréseld magad abba, amid van. Az életedet teremteni és gyarapítani érdemes, valamint nagyszerűbb magaslatokba emelni. Látod a különbséget? Ehhez azonban le kell ülnöd és össze kell írnod, mennyibe kerül az életed egy hónapban. Ide tartozik a lakbér, a közüzemi számlák, a benzin, a ruhák, a szórakozás, és egyéb havi kiadások. Ezen felül pedig tedd hozzá a tíz százalékot, amit önmagad egyházának fogsz fizetni.

Ha van párod, lehet, hogy ezt együtt kell csinálnotok, de külön-külön is megcsinálhatjátok. Amennyiben külön készíted el a sajátodat, tedd fel a kérdést: „A partnerem keres annyi pénzt, amennyire szüksége van egy hónapban – vagy ki kell egészítenem a keresetét?" Ebben az esetben pedig add hozzá azt a kiegészítő összeget, amit beleteszel a kapcsolatba, hogy működjenek a dolgaitok.

Az egyik volt feleségem minden pénzt elköltött már azelőtt, hogy megkaptuk volna. Elkülönítettem tőle a pénzügyeimet, de időnként felhívott, hogy megkérdezze: „Van egy extra 900 – vagy éppen 9000 – dollárod? A bank visszadobta a csekkemet és fedeznem kell." Ő sosem dobott vissza csekket életében; a bank dobta vissza.

Rájöttem, hogy legalább x összegű dollár kellett, hogy a számlámon legyen, hogy fedezzem a havonta visszadobott csekkjeit. Volt egy pont az életünkben, amikor 1200-3000 dollár között költöttünk egy évben a visszadobott csekkek költségére. Ez példa arra, amikor meg kell követelned. Amikor eljutsz arra a pontra, ahol azt mondod: „Ez megváltozik", akkor megváltozik. Ezen a ponton fogalmad sincs, hogyan fog megváltozni; nem is számít a hogyan. Először is megköveteled – aztán megjelenik a hogyan. „Ennyi volt, megváltoztatom az életem ezen részét. Nem dobom el ezt a pénzt."

Ha kiszámolod, mennyibe kerül az életed havonta, az lehetővé teszi, hogy lásd, hol költesz pénzt. Tegyük fel, hogy 8000 dollárnyit költesz ruhára egy hónapban. Megkérdezheted magadtól: „Tényleg szükségem van 8000 dollárnyi ruhára minden hónapban?" Ha a válasz nem, tedd fel a kérdést: „Van rá mód, hogy átalakítsam ezt úgy, hogy kevesebb kiadásom legyen, kevesebb kiáramlás és több bevétel legyen belőle?"

Valaki azt kérdezte tőlem: „Hogyan lehet bőségben élni anélkül, hogy pénzt költenél?" Bőségben lenni nem arról szól, hogy nem költesz pénzt, hanem arról, hogy felismered, hol szeretnéd elkölteni a pénzed, hogy hogyan költöd a pénzed, és hogy mit kapsz ettől. Ezért kérjük, hogy számold ki, mennyi pénzbe kerül az életed havonta.

Az én pénzem kontra az ő pénze. Amikor a pénzköltésről beszélünk, a kapcsolatban élő emberek gyakran kérdeznek minket az „én pénzemről" kontra az „ő pénzéről". Esetenként úgy érzik, függenek a partnerüktől vagy nem képesek pénzügyi döntésekre egyedül. Akárhányszor pénzt költenek, gondolniuk kell a másikra, és hogy az egyetértene-e a döntésükkel, ez pedig kényelmetlen számukra. Arra bátorítunk mindenkit, hogy vezessenek különálló számlákat a közös számlájuk mellett, hogy meglegyen a szabadságuk, hogy azt válasszák, amit akarnak; habár néhány ember számára ez nem egyszerű. És igen, amikor kapcsolatban vagy és megosztjátok az anyagiakat, igenis figyelembe kell venned a másikat.

Ha jó, erős kapcsolatod van, legtöbbször csak annyit kell tenned, hogy beszélsz a partnereddel és azt mondod: „Hé, találtam valamit, amit nagyon szeretnék. Nem lenne gond, ha elköltenék rá x összeget?" A másik gyakran igent fog mondani, a lényeg csak az, hogy kifejezd, mit szeretnél, és hogy figyelembe vedd az érzéseit.

Amikor házas voltam, a feleségem minden hétvégén 2000 dollárt költött ruhákra. Vett nekem is, a gyerekeinknek is és magának is. Sosem kérdezte meg, rendben van-e – csak azt tette a pénzzel, amit akart, és részben ez volt az, ami megölte a kapcsolatunkat. Nem vont be a pénzzel kapcsolatos választásaiba.

Azon aggódtam, milyen kiadásokat kell fedeznem a feleségem után, mire volt szüksége, és a gyerekeknek mire lesz szüksége. Tudtam, hogy az alkalmazottaimnak mire lesz szüksége, de sosem vettem bele magamat a számításba. Magamra sosem költöttem, valahogy úgy éreztem, az nem helyénvaló. Úgy hívják azt, amikor nem vagy hajlandó magadra költeni, hogy önadósítás, és amikor ezt csinálod, elértékteleníted magad. Nem célszerű elértékteleníteni magad egy kapcsolatban. Ne kövesd el azt a hibát, hogy mielőtt egyáltalán beszélsz a partnereddel, már előre eldöntöd, hogy: „Úgysem engedi meg, hogy elköltsem ezt a pénzt, ezt nekem nem lehet." Ez nem arról szól, hogy neked ne lehetne, hanem arról, hogy vedd figyelembe a partnered nézőpontját is. Mondd neki: „Hé, ezen gondolkozom. Rendben lenne ez neked?" Esélyes, hogy a párod is szeretne adni neked. Ne zárd ki magad a képletből, de őt se. Győződj meg róla, hogy ez a vásárlás valóban kiterjeszti az életed, és hogy elég tőkéd van, hogy anélkül fizesd ki, hogy adósságot teremtenél vele. Minden kiadásnak ki kellene terjesztenie az életedet valamilyen módon; nem pedig szűkösebbé tennie.

Írj össze mindent, amire pénzt költesz. Sokan elszórják a pénzt; a legfurább dolgokat művelik a pénzzel. Nem használják a pénzt, amivel rendelkeznek. Te is ezt csinálod? Ha összeírsz mindent, amit elköltesz egy héten vagy egy hónap alatt, lehet, hogy új éberségre teszel szert arról, mit művelsz a pénzzel. Elköltesz 3 dollárt egy kávéra, majd hagyod, hogy kihűljön és három korty után kidobod? Megveszed a fánkot, amit nem is kívánsz? Erre akarod költeni a pénzed? Milyen gyakran teszel ilyesmit? Ez a fajta költekezés még csak nem is azon alapszik, hogy mire vágysz, és nem biztosít semmiféle kielégülést vagy gyönyört.

Ha valóban szeretnéd képezni magad a pénzről, olvasd el Jerrold Mundis könyvét: Hogyan kerülj ki az adósságból, maradj adósságmentes és élj sikeresen[4]. Ad pár eszközt, amit arra használhatsz, hogy tisztába kerülj vele, mit művelsz a pénzeddel. Tökéletes a könyv? Korántsem, de segíteni fog, hogy éberséget nyerj róla, mennyit és hogyan költesz, hogy megértsd, hová megy a pénzed. Tisztába kell kerülnöd vele, hová lesz a pénz. Nem mondhatod, hogy: „Rengeteg pénzt akarok, de nem akarok semmit megváltoztatni az életemben."

Mennyi pénzt kell generálnod? Számold ki a havi kiadásaidat, és éber leszel rá, mennyi pénzt kell generálnod. Néhány ember a pénz generálását csak bizonyos tárgyakra alkalmazza. Azt mondják: „Szükségem van erre", és generálnak annyi pénzt, hogy kezeljék azt a dolgot, de elfeledkeznek közben a lakbérükről. Majd azt mondják: „Ó, elfelejtettem a lakbéremet", és generálnak pénzt a lakbérre. Amint megvan az is, minden más generálásáról elfeledkeznek.

A legtöbb embernek elképzelése sincs, mennyi pénzt kell generálnia. Lehet, hogy ötleted sincs, mit szeretnél pénzben birtokolni. Amikor van egy átfogó elképzelésed róla, mennyibe kerül, hogy fedezd a havi kiadásaidat, beleértve a ruháidat és minden mást is, akkor tudod, mennyit kérj. A legtöbben nem kérik az univerzum segítségét a pénzáramlásaik teremtésében. Tisztában kell lenned vele, mire van szükséged. Aztán kérj segítséget.

A pénz az a benzin, ami hajtja a motorodat. Ha nincs elég bevételed, nem fogsz tudni messzire jutni. Ha nem kéred azt a bizonyos gallonnyi

---

[4] Eredeti címe: How to Get Out of Debt, Stay Out of Debt and Live Prosperously

pénzt, ami ahhoz kell, hogy eljuss oda, ahova szeretnél, mi fog történni? Kifogysz az üzemanyagból, még mielőtt odaérnél.

Hajlandónak kell lenned kérni, hogy befogadj. Kérj és megadatik. Ez egy idézet a Bibliából. Ez igaz vagy hazugság? Ez igaz. Kérned kell. Ha nem kérsz, nem kapsz.

Minek kell lennem, mit kell tennem, birtokolnom, teremtenem vagy generálnom, hogy rendelkezzek ezzel a pénzmennyiséggel havonta teljes könnyedséggel? Tegyük fel, hogy 10.000 dollárt viszel haza egy hónapban az üzletedből, és több bevételt szeretnél. Hogyan közelíted ezt meg? Felteszed a kérdést: „Mi lehetek, mit tehetek, birtokolhatok, teremthetek vagy generálhatok, ami lehetővé tenné, hogy x összegű pénz jelenjen meg az életemben?"

Megváltoztathatod, hogyan viszed az üzleted, megváltoztathatod az üzleted tevékenységét, vagy megváltoztathatsz valamit az üzletben, ami elkezdi generálni a szükséges pénzt.

Amikor abból a nézőpontból indulsz ki, hogy: „Ezt az összeget az üzletemből fogom kivenni", máris létrehoztál egy korlátozást. Nézz rá arra, hogy: „Mennyi pénzt ajándékozhat nekem az üzletem?", nem pedig arra, hogy: „Mennyi pénzt vehetek el tőle?"

Hogyan működnek a dolgok ebben a pénzügyi valóságban?

A harmadik része annak, hogy képzed magad a pénzről és a pénzügyekről, hogy megtanulod, hogyan működnek a dolgok ebben a pénzügyi valóságban. Meg kell tanulnod, hogyan működnek a bankok, kórházak, biztosítótársaságok, az adózás, a hitelkártyák és minden ilyesmi.

Amikor össze vagy zavarodva a pénzügyeiddel vagy bármivel az életedben, nem vagy működőképes. A zavarodottság annak a jele, hogy több információra van szükséged. Ha elég információval rendelkezel – helyes információval –, az segít, hogy tudatos legyél az életed minden területén. Ez az, amitől működőképessé válnak a dolgaid, és ez a pénzzel sincs másképp. Amikor nem értesz egy területet, akkor vagy nincs elég információd, vagy nem rendelkezel a helyes információval. Amikor valamivel kapcsolatban furcsán érzem magam az életemben, felhívom az ügyvédet, orvost, könyvelőt, indián törzsfőnököt vagy bárkit, aki meg tudja adni nekem az információt, amire szükségem van. Így válsz működőképessé, hiszen érzed, amikor valami nem stimmel. Amikor éber vagy rá, hogy valami nincs rendjén, vagy össze vagy zavarodva valamivel kapcsolatban, tedd fel a kérdést: „Milyen információra van szükségem?", és: „Kivel kell beszélnem, hogy megkapjam?"

Hitelkártya. Fontos megtanulnod, hogyan használhatod hatékonyan a hitelkártyádat. Minden hónapban ki kell tudnod fizetni mindent, amit megelőlegezel a hitelkártyáddal. Elég pénzed kell legyen a számládon, hogy kifizesd a hitelkártya-egyenleged harminc – legfeljebb kilencven napon belül. Máskülönben, ha a hitelkártyáddal fizetsz egy 40 dolláros éttermi számlát, miközben csak a minimum összeget fizeted be a hitelkártyaszámládra, az végül 200 dollárodba fog kerülni, mire kifizeted utána a kamatot.

A jelenlegi hitelkártyarendszer úgy épül fel, hogy ha késel két napot a fizetéssel, felemelhetik a kamatot akár 32,5 százalékra. Győződj meg róla, hogy minden egyes alkalommal alaposan elolvasod a hitelkártyaszámlakivonatodat, hogy lásd, mennyit költöttél és mi a kamat rajta, mert megemelhetik. Ha szóvá teszed, lehet, hogy leviszik 28 százalékra. A lényeg az, hogy minél hamarabb kifizesd a hitelkártyádat. Vezess be egy olyan szabályt, hogy ne vegyél vele olyan dolgokat, amik többe kerülnek, mint amennyid van. Azok az emberek, akiknek van pénze, így csinálják.

Én arra használom a hitelkártyákat, hogy üzleti kiadásokat fedezzek vele. Azonban ha játékokat, antik dolgokat vagy ékszereket akarok venni, készpénzzel veszem őket. Ez azonban nem arról szól, hogy használd vagy ne használd a hitelkártyádat, hanem arról, hogy légy okos a hitelkártyával és a készpénzzel.

Hitelkártya-adósság. Ha van hitelkártya-adósságod, ki kell fizetned. Nézd meg, mennyi pénzzel tartozol a hitelkártyáidon, majd tedd fel a kérdést: „Mennyivel több pénzt kellene generálnom minden hónapban, hogy kifizessem ezt az összeget egy éven belül?" Nem számít, mennyivel tartozol. Amikor feltesszed ezt a kérdést, gyakran kiderül, hogy ez nem is olyan sok pénz. Nézd meg, mennyit keresel óránként, és számold ki, havonta mennyi plusz órát kellene dolgoznod, hogy kifizesd a hitelkártya-egyenleged egy éven belül. Ha nem keresel eleget órabérben, tedd fel a kérdést: „Mit adhatok hozzá az életemhez, ami sokkal több pénzt hozna nekem?"

Ha egy vagy több hitelkártyádon van tartozásod, fizesd ki a legkisebb összeget azon a kártyán, amin a legkisebb a kamat, valamint a legnagyobb összeget azon a kártyán, aminek a legmagasabb a kamata. Amint kifizetted a legmagasabb kamatú kártyát, vágd ketté és mondd le – vagy vágd szét és tartsd meg a bankszámlát, ha jobb tőle a hitelképességi rátád. Tedd azt, ami működik neked. Tedd fel a kérdést: „Helyénvalóbb fenntartani ezt a számlát? Jövedelmezőbb lesz, ha nyitva hagyom a számlát? Több pénzt hoz nekem, ha nem zárom be vagy több pénzt hoz nekem, ha bezárom?"

Ha több, mint 15.000 vagy 20.000 dollárnyi hitelkártya-adósságod van, elképzelhető, hogy a kifizetési időt ki kell tolnod két évre. Számold ki, mi kellene hozzá és mennyit kellene fizetned, hogy két éven belül kifizesd. Időközben pedig légy rá éber, hogy a hitelkártyacégek bármikor megváltoztathatják a megállapodásod feltételeit. Néhányan küldenek ki tájékoztatást a megváltozott feltételekről, amiben leírják, hogy meg fogják emelni a kamatodat, hacsak nem írsz nekik és nyilatkozol róla, hogy visszautasítod az emelést. A legtöbb ember nem olvassa el a tájékoztatókat, amiket a hitelkártya-kibocsátó cégektől kapnak, így fogalmuk sincs róla, hogy megemelték a rátát. Amikor pedig betelefonálnak, a cég képviselője azt mondja: „Nos, küldtünk tájékoztatót, és nem tetted meg azt, ami ahhoz kell, hogy olyan alacsonyan tartsd a kamatodat, ahol volt, szóval így jártál." A cégek a minimum fizetést is megemelhetik, ahogy a rátát is, amennyiben új vásárlással terheled a kártyád, tehát alaposan olvasd el a felhasználási feltételeket a tájékoztató füzetekben.

Légy éber rá, hogy a kormány nem a te érdekedben dolgozik; eltörölték az uzsorástörvényeket, ami azt jelenti, hogy a hitelkártyacégek bármilyen általuk választott kamatot kiróhatnak. A hitelkártya-társaságok váltak az új maffiává. Okosabbak lettek és legalizálták a tevékenységüket. Végezetül pedig, ha szükséged van konkrét segítségre a hitelkártya-adósságod kifizetésében, szerezd meg Jerrold Mundis Hogyan kerülj ki az adósságból, maradj adósságmentes és élj sikeresen című könyvét.

Adók. Néhány ember próbálja elkerülni az adózást. Páran még a jövedelmüket is drámaian lecsökkentik, hogy ne kelljen adót fizetniük. Ez nem a legjobb megközelítés. Ne kerüld el az adózást; használd az előnyödre az adózási rendszert. Ez úgy lett kitalálva, hogy azok az emberek, akiknek pénze van, kibújhassanak az adófizetés alól. Oldd meg, hogy működjön neked. Ehhez természetesen utána kell járnod, hogyan működik. Miért lennél továbbra is egy szegény ember, aki elkerüli az adózást, amikor lehetnél gazdag is, akinek nem kell semmit fizetnie?

Dolgoztam egy hölggyel, akinek sok bevétele volt, de sosem képezte magát az adózásról. Azzal sem volt tisztában, hogy a jelzáloghitele leírható az adóból. Nem tudta, hogy ha valaki pénzért dolgozik neki, az leírható az adóból – lényegében kivehetné a pénzt állam bácsi zsebéből a sajátja helyett. Akárhányszor fizetnie kellett valakinek vagy kiállítania egy csekket a jelzálogra, úgy érezte, lesújtja a szegénység. Nem volt tisztában vele, hogyan működik az adózási rendszer az ő előnyére, így hát a bevételének harmincnyolc százalékát leadózta. Ne kövess el ilyen hibát. Tudd meg, hogyan működik az adózás, és használd a rendszert az előnyödre.

Kórházak és biztosítótársaságok. Meg kell tudnod, hogyan működnek a kórházak, biztosítótársaságok és egyéb szolgáltatások, és hogy számíthatsz-e rájuk, amikor kell. Szerinted támaszkodhatsz a biztosítótársaságokra, gondoskodni fognak rólad vészhelyzet esetén? Persze, számíthatsz rájuk, gondodat viselik majd. Ha elhiszed ezt, beszélj a Katrina hurrikán néhány áldozatával. Tudod, mit csináltak a Katrina hurrikán után? 10-25 centet ajánlottak fel az embereknek a házuk értékének minden dollárja után. 10-25 cent dolláronként a legtöbb házat nem építené újra. Mivel az emberek visszautasították ezt az ajánlatot, a bíróságra kellett menniük, és mert nem tudtak csoportos pert indítani, egyenként kellett törvényszék elé állniuk. A bíróságokat száz évig lefoglalják majd a Katrina hurrikán esetei; miközben a biztosítótársaságok meháromszorozták a díjaikat azokon a területeken, ahol előfordulnak hurrikánok. Másfél milliárd dollárt kerestek abban az évben, amikor a Katrina lesújtott, és nem fizették ki a 700 millió dolláros kárigényt, amit kiróttak rájuk. Mire pályáznak a biztosítótársaságok? A pénzkeresésre.

És miből tudhatnád, hogy a biztosítótársaságok ott lesznek, amikor behajtanád a pénzed? Nem tudhatod. Simán cserben hagyhatnak és kizárhatnak. Szó szerint ezt tették a Katrina után. Ha Kaliforniában élsz és azt gondolod, hogy biztosítva vagy, ha jön egy hatalmas földrengés, érdemes újragondolnod az álláspontodat. Ideje reálisan látni a dolgokat. A biztosítótársaságok is vállalkozások; azért üzletelnek, hogy pénzt termeljenek, nem akarnak fizetni neked, nem akarnak gondoskodni rólad. Nem járnak el a nevedben, csak azért vannak, hogy átverjenek és pénzt keressenek.

Jelenleg egy hosszú távú egészségügyi ellátást fizetek a volt feleségemnek; ez az egyik megállapodás, amit a válás során kötöttünk. Ez negyedévente 1500 dollárom ba kerül, ami évente 6000 dollár. Most 60 éves, így ha nem nyúl hozzá ehhez a biztosításhoz 70 éves koráig, már 60.000 dollárt belefizetek addig. Ezért az összegért körülbelül egy évig látnák el egy létesítményben. A legtöbb ilyen helyen az emberek másfél-két évig húzzák. Ilyen és ehhez hasonló információra van szükségem ahhoz, hogy jó választást hozzak. Hajlandónak kell lenned ránézned dolgokra, hogy eldöntsd, mi működik neked. Felkészültnek és ébernek kell lenned.

Bankok és a hitelképességi ráta. Tisztában vagy vele, hogy amikor egy államilag biztosított bank bezár, a kormánynak hét éve van rá, hogy visszafizesse a pénzed – és nem kell kamatot fizetnie rá? Csak annyit fognak kifizetni neked, amennyit betettél, ezért hívják betétbiztosításnak, nem pedig állami pénzbiztosításnak. És minden, ami egy széfben van, az a bankhoz kerül.

Ha azt választod, hogy aranyat veszel, hordd magadnál vagy tartsd otthon. Ha egy széfben van, amikor a bank bezár, a kormány megteheti, amit az 1930-as években is, és azt mondhatja: „Minden aranyat vissza kell adnod a kormánynak, és adunk érte x dollárt." Ez része a 2001. évi törvénynek; ma már minden nemesfémet elvehetnek, kivéve, ha 1933 előtt kibocsájtott érméről van szó. Ha éremtani értékkel rendelkező aranyat vagy ezüstöt veszel, nem vehetik el tőled – de minden más nemesfémet érdemes a saját birtokodban tartanod.

> *Minden AEIOU Pod-ot, amit bevettél a bankokról, biztosítótársaságokról, a kormányról és arról, hogyan fogják ezek a jó emberek a gondodat viselni és jól bánni veled, azt elpusztítod és nemteremtetté teszed mindet? Helyes, helytelen, jó, rossz, POD, POC, mind a 9, rövidek, fiúk, POVAD-ok és túlontúl.*

A pénz befektetése. Azzal is tisztában kell lenned, hogyan működnek a befektetések. Tegyük fel, hogy örökölsz némi pénzt. Áshatsz neki egy gödröt a kertben, vagy befektetheted. Amikor édesanyám meghalt és hagyott rám pénzt, a volt feleségem úgy döntött, hogy a pénzünk gyarapodna, ha részvényekbe fektetnénk. Az ürge, akivel befektettünk, egy szélhámos volt, és az összes pénzünk eltűnt. Eleve nem akartam részvényekbe fektetni a pénzt, én aranyba szerettem volna, de hagytam magam rádumálni. Okos voltam? Nem, hülye voltam. Nem hallgattam magamra; azzal mentem, amire neki volt szüksége, amit ő értékelt, és amire vágyott. Meg kellett volna kérdeznem a pénzt: „Hová tehetlek, hogy gyarapodj?"

Kemény valuták. Hajlandónak kell lenned képezni magad a kemény valutákról is. Ezek azok a dolgok, amik szinte azonnal készpénzzé alakíthatóak. Azért vásárolok régiségeket, mert kemény valuták, bármennyit eladhatok holnap legalább annak a feléért, amennyit fizettem érte, amikor megvettem. Ha tíz évvel ezelőtt vettem, megkétszerezem vagy -háromszorozom a pénzem.

Vegyél olyan dolgokat, amiknek lényegi értéke van. Dain egy olyan helyen nőtt fel, ahol minden bútor egy összeillő Levitz szett volt. Azt mondta, hogy amikor először járt nálam, és meglátta, hogy a házam tele van antik bútorokkal, azt gondolta: „Ez a ház tele van régi cuccokkal, amik nem is illenek egymáshoz." Az volt a nézőpontja, hogy ha nem az Ikeából vagy a Levitz-ből van, nincs értéke. Ahogy elkezdte képezni magát arról, minek van értéke, rájött, hogy a „régies cuccaim" nemcsak gyönyörűek voltak, hanem rengeteg pénzt is értek. Felismerte, hogy a régiségeim értéktárgyak voltak, belső értékkel rendelkeztek. Jó pénzért el lehetne adni, nem úgy, mint a családja házában levő dolgok, ahol a legdrágább bútor a hűtőszekrény vagy a sütő volt.

Legyen értéke a dolgoknak, amit megvásárolsz. Ez a pénz birtoklásának egy újabb aspektusa. Ezek mind példák arra, miért kell képezned magad arról, hogyan működnek a pénzügyi dolgok; hogy tudd, mi zajlik körülötted.

A jólét generálásának negyedik eleme
NEMESLELKŰSÉG

A pénz birtoklásának negyedik eleme a nemeslelkűség. Ez a létezés egy módja az életedben. Arról szól, hogy egyfajta örömteli generálással éled az életed. Kiváló módja a nemeslelkűséged növelésének, ha megtanulsz ajándékozni.

Ajándékozás

Az úgynevezett adakozás általában magában foglalja a vágyat, hogy kapj valamit cserébe, ám egy valódi ajándék nem hordozza magában a kötelezettség érzetét. Azt javasoljuk, tanulj meg anélkül ajándékozni, hogy elvárnád, hogy kapj cserébe valamit. Nem kell, hogy milliók tornyosuljanak a bankszámládon ahhoz, hogy meghívj valakit ebédre vagy megajándékozd valamivel, ami boldoggá teszi vagy megváltoztatja a valóságát. Az effajta ajándékozás paradoxonja, hogy amikor nem várod el, hogy megtérüljön valami, olyankor energetikailag befogadsz. Az életed kiterjed, amikor abból működsz, hogy valami mást generálsz egy másik ember valóságában.

Karácsonykor Dainnel 500 dollárt ajándékoztunk egy hölgynek Mexikóban, akinek a férjét szenteste gyilkolták meg egy teherautó-rablás során. Két kisfia van, és havonta nagyjából 50 dollárt keres, évente kb. 600 dollárt. Elkezdtünk minden karácsonykor pénzt küldeni neki, a feltételünk pedig az, hogy a felét karácsonykor a kisfiaira költi. Azt csinál a másik felével, amit csak szeretne, de az első felét a fiúkra kell költenie. „Los angeles"-nek hív bennünket, mi vagyunk az angyalok az életében, akik gondoskodnak róla, hogy tudjanak karácsonyozni. Sosem találkozott velünk. Ismerjük a testvérét, de sosem láttuk őt vagy a gyerekeit. Amikor ilyen dolgokat teszünk, az megváltoztatja emberek pénzügyi valóságát. Ötszáz dollár, hogy megváltoztassuk valakinek a valóságát. Megéri? De még mennyire! Az ilyesfajta ajándékozás a mi életünket is nagyban megváltoztatja. Dinamikus befogadásban részesülünk, amikor pénzt küldünk neki, és az életünk kiterjed. A hálája hozzájárulás a jóllétünk érzetéhez, és értékeljük, hogy megtehetjük ezt. Ez nem a pénzösszegről szól, hanem arról, hogy megtehetjük ezt. Ezt kis és nagy összegekben is megteheted.

Dainnel nemrégiben Los Angelesbe repültünk Costa Ricáról, és éppen a buszon ültünk, hogy felvegyük a bérautónkat. Öt nehéz bőröndünk volt a buszon, amit érkezéskor a sofőr segített az autóba pakolni. Bőröndönként egy dollár borravalót, azaz 5 dollárt akartam adni neki, ám végül 10-et adtam neki. Úgy nézett rám, mint akinek épp most nyújtottam át a Taj Mahalt. Elállt a szava. Az egész napját feldobta, hogy valaki 10 dollárt adott neki borravalónak. Itt volt ez az aranyos férfi, aki a tőle telhető legjobbat nyújtotta egy olyan munkában, ami alig fizet valamit, mégis törődő és adakozó akart lenni velünk. Miért is ne adnál neki?

Amíg a repülőtéren várakoztunk, megláttunk egy hölgyet, aki cipőket fényezett. „Fényeztessük ki a cipőnket" – mondtam, és amíg Dain cipőjét fényezte a nő, megkérdezte tőle: „Szóval mióta csinálod ezt?"

„Ó, nagyjából három éve."

„Szereted csinálni?"

„Igen, mert ezt tudom napközben csinálni, esténként pedig iskolába járok, ápolónak tanulok."

„Ó, menő!"

A cipőpucolás 4 dollár volt. Dain beletúrt a pénztárcájába, és átnyújtott neki egy százast, mondván: „Ez a tiéd."

A nő szóhoz sem jutott. Az egész világát szétrobbantotta. Azt mondta: „Nagyon szépen köszönöm! Nem tudom, mit mondhatnék! Ilyen még sosem történt velem! Ez nagyszerű! Minden rendben lesz!"

Ezek után megölelte Dain a hölgyet, és azt mondta: „Tudod mit? Hihetetlen változást fogsz létrehozni a világban. Nagyszerű ápoló leszel. Csak így tovább!"

Ez egy őszinte befogadás volt, amitől a nő világa darabjaira hullott.

A lényeg az, hogy valóban csak egy oka van annak, hogy pénzed legyen, ami nem más, mint hogy megváltoztasd más emberek valóságát. Ha van pénzed, egy szempillantás alatt meg tudod változtatni emberek valóságát. Mi történik, amikor valakinek adsz valamit, amire nem számított vagy úgy érzi, hogy nem érdemelte meg? Megváltoztatod a valóságát. És mi az értéke annak, hogy megváltoztatod más emberek valóságát? Megmutatod nekik, hogy van más lehetőség, és ezáltal elősegíted a tudatosság és az emberiség fejlődését.

New York City-ben egyszer éppen ebédelni mentem, amikor elsétáltam egy fickó mellett, aki pénzt kunyerált. Egy hatalmas vágás volt a lábán. Azt kérdezte: „Ki tudnál segíteni, kérlek?" 50 dollárt tettem a dobozába, ahogy elsétáltam mellette. Meglátta, és azt mondta: „Isten áldjon, uram, isten áldjon!" Nem nézett rám. Nem látta az arcom; nem látott belőlem semmit. Csak azt az 50 dollárt látta a dobozában. A változás az energiájában hatalmas volt. Érdekes módon sosem láttam őt többé azon a helyen. Képes 50 dollár megváltoztatni valaki valóságát? Sosem tudhatod, hogy mi kell ahhoz, hogy megváltoztasd valaki valóságát. Ez nem az összegről szól, hanem arról, amit elvárás nélkül adsz, amikor nincs szükséged rá, hogy megtérüljön, amikor csak az érdekel, hogy olyasvalamit teszel, ami megváltoztatja valaki valóságát.

Nem azért csinálod, hogy felsőbbrendűnek érezd magad, vagy mert azt gondolod, bőkezű vagy, vagy több pénzed van, mint a másiknak. Azért csinálod, mert jó érzéssel tölt el, és mert az érdekel, hogy megváltoztasd valaki valóságát.

Jónéhány éve vásároltam egy lovat. Huszonöt éves koromban ő lett volna a tökéletes ló nekem, minden megvolt benne, amire egy lótól vágytam. Hatvanévesen nem ő volt nekem a tökéletes ló, de még így is lovagoltam rajta. Dainnel gyakran jártunk ki terepre, ami előtt én mindig megfuttattam száron a lovamat, Playboyt. Akárhányszor Dainhez ért, a ló megállt. Körbefutott a karámban, és minden alkalommal megállt Dain előtt, mielőtt újra körbefutott volna, csak hogy ismét megálljon előtte. És persze mindig elhajtottam Daintől.

Egyikünk sem tette fel a kérdést, hogy: „Miért csinálja ezt?" Csak azt gondoltuk, hogy ez furcsa.

Egy nap a hegyvidékre mentünk lovagolni Dainnel, aki azt mondta: „Lovagolhatok Playboyon, kérlek? Szeretnék lovagolni rajta. Kérlek!"

Playboy korábban versenyló volt. Ha galoppra fogtad, halálfutamba kezdett – és szélesebesen száguldott. Csak olyan ülhetett rá, aki nagyon jól tudott lovagolni.

Akkoriban Dain nem volt túl jó lovas, de azt gondoltam: „Nézzük meg. Mi a legrosszabb dolog, ami történhet? Legfeljebb leesik és eltöri pár csontját. Magammal viszem a telefonom, ha mentőhelikoptert kellene hívni hozzá, mert annyira rossz a helyzet, máskülönben minden mást helyre tudok hozni az Access testkezeléseivel". Így hát azt mondtam: „Rendben, legyen."

Dain felült Playboyra, aki hátrafordult, ránézett és azt mondta: „Az én emberem."

„Mit mondtál? Az én lovam vagy!" – feleltem.

Majd Dain ránézett Playboyra, és azt mondta: „Annyira imádom!" Könnyezett, pedig még csak most ült fel a lóra! Még csak el sem indult vele. Ott ült a lovon, a szárak a földön lógtak, és vágtába rúgta a lovat. Nem fogta a ló száját, nem volt irányítása. Mintha azt várta volna, hogy Playboy egy körhintaló legyen. „Dainnek lőttek" – gondoltam. És hogy mi történt? Ahelyett, hogy halálfutamba kezdett volna – csatt-csatt-csatt, Playboy lassan kezdett vágtázni – galopp-galopp-galopp.

Hirtelenjében rájöttem, hogy: „Ez Dain lova. Ezek ketten összetartoznak." Így hát egy olyan ajánlatot tettem Dainnek, amit nem tudott visszautasítani. Neki adtam Playboyt. Abban az időben Dainnek nem volt túl sok pénze, így azt mondtam neki: „Van számodra egy ajándékom. Neked adom Playboyt."

Dain állítása szerint abban a pillanatban felrobbant a világa. Ez a ló akkoriban 15.000 dollárt ért, így hát Dain egy 15.000 dolláros ajándékot kapott, és ez teljesen felforgatta a világát. Dain szerint ennek az utórezgései a mai napig fellelhetőek a világában. Egy olyan szintű befogadásra nyílt meg ezáltal, amiről nem is tudta, hogy létezhet. Az én világom folyamatos kiterjedésben van, mert hajlandó vagyok kiterjeszteni más emberek valóságát. Bármit is teszek a pénzzel, az azért van, hogy más emberek valósága kiterjedhessen, nem pedig azért, hogy az enyémet tegyem jobbá. Ez a nemeslelkűség.

Légy hálás, amikor mások befogadnak

A nemeslelkűség nemcsak arról szól, mit adsz; hanem a hajlandóságról is, hogy mások az életük minden területén befogadjanak. Légy boldog és hálás, amikor mások befogadnak, te akár így teszel, akár nem. Egy hölgy nemrég felhívott, és azt mondta: „Ezt el kell mesélnem neked, te vagy az egyetlen, aki örülni tud mások örömének. Húsz évvel ezelőtt a lakótársam a végrendeletében rám és a többi lakótársunkra hagyta a vagyonát. Sosem változtatta meg a végrendeletét, és meghalt egy balesetben. Épp most kaptam 10.000 dollárt a húsz évvel ezelőtt írt végrendeletének köszönhetően."

Azt feleltem: „Ez nagyszerű! Úgy örülök." Boldog vagyok, amikor mások kapnak valamit. Nem vagyok irigy rájuk. Nem gondolom, hogy olyat kaptak, amit én érdemeltem volna meg. A nemeslelkűség arról szól, hogy hálás és izgatott vagy, hogy valaki pénzt kap.

Mi a helyzet veled? Hálát és boldogságot érzel, amikor mások kapnak valamit? Vagy bizonyító kitalációkat és DISZK-eket gyártasz, ami szerint, ha ők kaptak valamit, akkor te lemaradtál róla? Mindent, ami ez, elpusztítod és nemteremtetté teszed? Helyes, helytelen, jó, rossz, POD, POC, mind a 9, rövidek, fiúk, POVAD-ok és túlontúl.

Ha azon kapod magad, hogy összeszűkül a gyomrod, amikor másoknak szerencséje van, csak ismerd fel, és mondd: „Önzőséget teremtettem. Az a nézőpontom, hogy ha ők kapják ezt meg, akkor én lemaradtam róla." Az ebben a legjobb, hogy ítélet nélkül felismerheted ezt. Itt az esély, hogy megváltoztasd. Minden nézőpontod megváltoztatható. Milyen lenne, ha ahelyett, hogy megítélnéd magad, azt mondhatnád: „Igen, önző voltam", vagy: „Az életem nagy részében önzőnek tartottam magam. Ezt most szeretném megváltoztatni", vagy: „Önző voltam. Korlátoz ez az életemben? Korlátozza a pénzt, amivel rendelkezhetnék? Igen! Milyen lenne egy nagyszerűbb nézőponttal rendelkezni, ami valójában többet generálna abból, amit szeretnék az életemben tudni?"

Azok az emberek, akik valóban pénzesek, nem érzik szükségét, hogy eltiporjanak másokat. Nincs rá szükségük, hogy úgy éljenek, mintha felsőbbrendűek lennének másoknál. Sok vagyonos ember panaszkodik a szolgálóira. Sosem hálásak semmiért, amit bárki tesz. „Tudják", hogy többet érdemelnek, és hogy átveri őket mindenki, mert nem elég jó terméket szolgáltatnak nekik. Amikor valóban hajlandó vagy pénzt birtokolni, mindenkiért hálás vagy, aki neked ajándékoz valamit. Én hálás vagyok a pincérnek, aki jó munkát végez. Hálás vagyok a szobalánynak, aki jó munkát végez. Hálás vagyok az embereknek, akik gondoskodnak a lovainkról és jó munkát végeznek, a hálámnak köszönhetően pedig ők is hálásak, hogy nekem dolgozhatnak. Folyton azt keresik, mi mást tehetnének még értem.

Amikor pénzed van, hálás vagy az embereknek, akik megjelennek az életedben, és hálás vagy azért, amit érted tesznek. Ám amikor pénzt kell szerezned, feltételezed, hogy valamilyen módon átvernek. Fontosabb neked, hogy pénzt szerezz, mint hogy birtokold a pénzt. Látod a különbséget? Ez egy lényeges megkülönböztetés. Nem kell, hogy pénzed legyen ahhoz, hogy hálás legyél, azonban ha hálás vagy, a nemeslelkűség a hálával együtt érkezik, és még több pénzt kezd generálni az életedben.

Légy bőkezű magaddal

A nemeslelkűség magában foglalja azt is, hogy hajlandó vagy befogadni. Bőkezű vagy magaddal? A nagylelkűség a hajlandóság, hogy kedves legyél magaddal is, épp úgy, mint másokkal. Azt szeretnénk, ha egy új strófát adnál a saját Bibliádhoz: „Épp olyan áldott dolog adni, mint kapni." Az adás és a kapás is áldásos dolog.

Légy hálás azért, amit mások kapnak, de légy azért is hálás, amit te magad generálsz – hiszen sokkal lenyűgözőbb vagy, mint gondolnád. A hála állapotában létezni az egyik legnagyszerűbb módja annak, hogy olyan életed legyen, amit élvezel, valamint megnöveld a képességedet, hogy befogadj és létezz. Ha a hála állapotában élsz, az belevisz téged az univerzum áramlásába, ahol a generálás lehetséges. Ez messzebbre visz a kontextuális valóságnál, túl a „Hogyan fogok nyerni? Hogyan fogok veszíteni?" állapotán. A hála mindezen túlra katapultál, egy nemkontextuális valóságba és éberségbe, ahol a kérdések, lehetőségek, választások és a hozzájárulás lakozik.

Íme három kérdés, aminek a használata segít még nagyszerűbb nemeslelkűséget kifejleszteni.

1. Mi kellene hozzá, hogy az a nemeslelkűség legyek a pénzzel, ami valójában vagyok, és amit még nem ismertem el? Mindent, ami ez, elpusztítod és nemteremtetté teszed? Helyes, helytelen, jó, rossz, POD, POC, mind a 9, rövidek, fiúk, POVAD-ok és túlontúl.

2. Milyen generatív energia, térűr és tudatosság lehetek, ami lehetővé tenné, hogy az a nemeslelkűség legyek a pénzzel, ami valójában vagyok, amit sosem ismerek el? Mindent, ami ez, elpusztítod és nemteremtetté teszed? Helyes, helytelen, jó, rossz, POD, POC, mind a 9, rövidek, fiúk, POVAD-ok és túlontúl.

3. Mindent, ami visszatart attól, hogy hálás legyél önmagadért, ami az egész pénzügyi életedet megváltoztatná, és minden gondolatot, érzést, érzelmet és nem-szexet, amit a hálád elpusztítására, összenyomására vagy megölésére használsz, amid lehetne, elpusztítod és nemteremtetté teszed kérlek? Mindent, ami ez, elpusztítod és nemteremtetté teszed? Helyes, helytelen, jó, rossz, POD, POC, mind a 9, rövidek, fiúk, POVAD-ok és túlontúl.

További eszközök, amiket pénzgenerálásra használhatsz

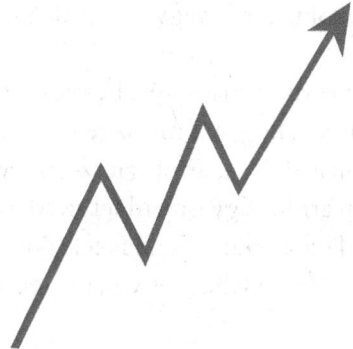

További eszközök, amiket pénzgenerálásra használhatsz

Ha a pénz nem számítana, mit választanék?

Egy nap elkísértem Daint, amikor új faxgépet akart venni. Miközben nézelődött, megkérdeztem tőle: „Ha a pénz nem számítana, mit választanál?"

Az első gondolata az volt: „Ha a pénz nem számítana, a legdrágább gépet választanám." Megállt egy mindentudó gép előtt, ami nagyjából 550 dollárba került. Azt mondta: „Ez az. Ha a pénz nem lenne gond, ezt választanám."

Ezek után meglátott egy másik faxgépet, ami 150 dollár volt. Abban a pillanatban rájött, hogy az 550 dolláros gép túl nagy volt, hogy elférjen az íróasztala alatt; sőt, az irodájában sehova nem fért volna el. A kisebb volt a tökéletes méret. Elfért az asztala alatt, épp ott, ahova szánta, és minden funkcióval rendelkezett, amire vágyott.

Azt mondta: „Hűha, 400 dollárt spóroltam azzal, hogy feltettem egy kérdést."

A legtöbben a pénzre alapozzuk a vásárlási döntéseinket. „Ezt nem engedhetem meg magamnak, így hát a hitelkártyára terhelem", vagy: „Ezt nem engedhetem meg magamnak, szóval nem veszem meg". Nem azt kérdezzük: „Valóban szeretném birtokolni ezt?", vagy: „Ez valóban szükséges az életemhez?".

Nem azzal fordítod jobbra az életed, ha megvonsz magadtól olyasvalamit, ami kiterjeszti az életed, ám ez nem jelenti azt, hogy túl messzire kellene nyújtóznod vagy túl kellene költekezned magad. Nem arról van szó, hogy mindig a legjobbat kell választanod, hanem arról, hogy ismerd fel az adott körülmények között, hogy mi a legjobb választás számodra. Ha a legjobb pezsgő, amit megengedhetek magamnak, a Veuve Clicquot Champagne, akkor azt fogom választani. Várok majd a Dom Perignon-ra, amikor több pénzem lesz.

Amikor azt kérdezed: „Ha a pénz nem számítana, mit választanék?", kiveszed a pénzt, mint meghatározó tényezőt a választásod képletéből. Ezzel a kérdéssel másképp nézhetsz a világra, és megértheted, mit szeretnél valóban az életedben tudni.

A legtöbb ember az alapján értékel valamit, hogy mennyire képtelenség, hogy ki tudják fizetni vagy birtokolni. Meglátsz valamit, és azért tűnik értékesnek, mert nem hiszed, hogy ki tudod fizetni – és csak azért is megveszed. Mi történik ilyenkor? Egy hét múlva már meg is feledkeztél róla. Rengeteg pénzt költöttél, és most fizetheted vissza a hitelkártyádat.

Próbáld ki ezt: menj be a legdrágább boltba a városban, nézz körül és ismerd el, hogy bármit megkaphatnál a boltból, ha valóban választanád azt, még akkor is, ha életed végéig törleszthetted. Majd nézz körbe és figyeld meg, mire vágysz valójában.

Elképzelhető, hogy eredetileg azt gondoltad, mindent akarsz abból a boltból, ám amint úgy nézel körbe, hogy mire is vágysz valójában, valószínűleg egy dolgon fog megállapodni a figyelmed – de az is lehet, hogy semmit nem találsz. Gyakran ilyenkor eszmélünk rá, hogy semmire sem vágyunk abban a boltban. Azt gondoltad, hogy vágysz rá, mert eldöntötted, hogy nem engedheted meg magadnak, épp ezért valami hiányt teljesített volna be benned.

Vásárlásterápiának hívják azt az elképzelést, hogy ha veszel valamit, az kielégíti egy szükségletedet. Mennyi bizonyító kitaláció és DISZK állítja, hogy a vásárlásterápiától jobban érzed magad? Mindent, ami ez, elpusztítod és nemteremtetté teszed? Helyes, helytelen, jó, rossz, POD, POC, mind a 9, rövidek, fiúk, POVAD-ok és túlontúl.

Arról is lehet bizonyító kitalációd, hogy mid nem lehet más emberek nézőpontja szerint. Lehet, hogy édesanyád mindig megkérdőjelezett téged, amikor vettél valamit, mondván: „Valóban szükséged van erre?"

Mennyi bizonyító kitalációval rendelkezel más emberek nézőpontja alapján, ami elérvényteleníti a választásaidat? Mindent, ami ez, elpusztítod és nemteremtetté teszed? Helyes, helytelen, jó, rossz, POD, POC, mind a 9, rövidek, fiúk, POVAD-ok és túlontúl.

Hogyan lehetne ez ennél is jobb?

Minden egyes alkalommal, amikor találsz egy érmét, egy dollárt, tíz dollárt vagy bármilyen kisebb vagy nagyobb összeget, tedd fel a kérdést: „Hogyan lehetne ez ennél is jobb?" Ismerd el azt, amid van, továbbá azt is, hogy lehet ez még ennél is jobb. Ha azt mondod, hogy: „Ó, de jó! Nézd, mim van!", vagy: „Hűha, köszi univerzum, megvan!", az univerzum azt feleli: „Ó, már megvan. Nem kell már hozzájárulnom." Ám amikor azt kérdezed: „Hogyan lehetne ez ennél is jobb?", az mozgásban tartja az energiát.

Simone barátunknak van egy ismerőse Ausztráliában, aki zenész. Elmagyarázta neki, hogyan használja a „Hogyan lehetne ez még ettől is jobb?" eszközt, és úgy döntött, kipróbálja az egyik koncertje után, amikor CD-ket árusított. Másnap azt írta Simone-nak: „Ez a cucc tényleg működik! Minden alkalommal, amikor eladtam egy CD-t, feltettem a kérdést, hogy: „Hogyan lehetne ez még ennél is jobb?", mire még valaki odajött, hogy vegyen még egyet vagy kettőt. Végül az összes CD-met eladtam a koncerten."

Ezt akkor is használhatod, amikor számlákat fizetsz be. Ahelyett, hogy: „Jaj ne! Nincs elég pénzem, hogy befizessem ezt a számlát", minden alkalommal tedd fel a kérdést: „Hogyan lehetne ez még ennél is jobb?" Gyakran azt látjuk, hogy amikor már majdnem elég pénze van az embereknek, hogy befizessék a számlát, azt mondják: „Jaj, ez nem elég!" Mi történik ilyenkor? Ez megálljt parancsol az energiának, amit generáltak. Mi történne, ha ehelyett azt kérdeznék: „Hogyan lehetne ez még ennél is jobb?" Ezzel még többet hívnának be abból az energiából az életükbe.

Egy fiatal hölgy ismerősünk azt mesélte, hogy nemrég, amikor a repülőtéren mérték a bőröndjét, azt mondta neki a pultnál a férfi: „A bőröndje túlsúlyos 9 kilóval. Fizetnie kell ezért."

Elmosolyodott és azt kérdezte: „Hogyan lehetne ez még ennél is jobb?" és „Mi más lehetséges még?"

A férfi azt felelte: „Csak egy pillanat, kérem", majd a felettesével tért vissza, aki végigmérte a nőt, és azt mondta: „A bőröndje 9 kilóval túllépi a megengedett határt. Fizetnie kell ezért."

„Oké, hogyan lehetne ez még ennél is jobb?"

A felettes azt mondta: „Ó, hagyjuk is", és már tovább is küldte a bőröndjét, anélkül, hogy kifizettették volna vele.

Csak tedd fel a kérdést: „Hogyan lehetne ez még ennél is jobb?" Amikor egy rossznak tűnő helyzetben használod, tisztánlátást nyersz arról, hogyan változtasd meg a dolgokat, amikor pedig egy jónak tűnő helyzetben használod, mindenféle izgalmas dolog történik. Az univerzum hallja a kérésed, és megadja azt. De kérned kell.

Érdekes nézőpont

Amikor egy ítéletmentes térben vagy, rájössz, hogy te vagy minden és nem ítélsz meg semmit, magadat is beleértve. Egyszerűen nincs ítélkezés a világodban. Mindennel megengedésben vagy.

Amikor megengedésben vagy, a szikla vagy az áramlatban. Elérnek hozzád a gondolatok, ötletek, hiedelmek, attitűdök és érzelmek, és megkerülnek téged, te pedig még mindig a szikla vagy az áramlás közepén. Az elfogadás nem ugyanaz, mint a megengedés. Ha elfogadásban vagy, elmosnak téged a gondolatok, elképzelések, hiedelmek és attitűdök. Az elfogadásban vagy egyetértesz és igazodsz, ami a pozitív polaritás, vagy pedig ellenállsz és reagálsz, ami a negatív polaritás. Ám így is, úgy is elsodor az ár.

Ha megengedésben vagy azzal, amit mondok, mondhatod, hogy: „Nos, ez egy érdekes nézőpont. Kíváncsi vagyok, van-e benne igazság." Kérdésbe mész, nem reakcióba. Amikor ellenállásba és reakcióba, vagy egyetértésbe és igazodásba mész egy nézőponttal, korlátozást hozol létre. A korlátlan megközelítés az, hogy: „érdekes nézőpont".

Akárhányszor rajtakapod magad, hogy van egy nézőpontod valamiről, mondd: „Érdekes nézőpont, hogy van egy ilyen nézőpontom." Gondolhatod valamiről, hogy igaz vagy valós, ám ez csak egy nézőpont. Nem valódi. Te teszed valóssá és helytállóvá. Az ítéleted hozza létezésbe.

Tegyük fel, hogy nem keresek annyi pénzt az üzletemmel, amennyit szeretnék. Ha az a nézőpontom, hogy „a vállalkozásom kudarcba fullad", azzal létrehoztam egy bizonyító kitalációt. Létezésbe hozom ezt a valóságot, és úgy kezdek viselkedni, mintha ez igaz lenne. Kudarcba fullad az üzletem? Nem. Annyi pénzt termel, amennyit szeretném, hogy termeljen? Nem. Fog valaha annyi pénzt termelni, amennyit szeretnék? Nem. Oké, rendben. Miért nem? Mert mindegy, mennyi pénzt keresek, mindig többre fogok vágyni. Ha azzal a nézőponttal találod szemben magad, hogy „az üzletem kudarcot vall," csak ismerd fel és mondd: „Érdekes nézőpont, hogy van egy ilyen nézőpontom." Csupán ennyit kell tenned.

Amikor kérdés követi az „érdekes nézőpontot", az egy nagyszerű módja, hogy megváltoztass egy olyan helyzetet, amit másmilyennek szeretnél látni. Tegyük fel, hogy van egy kliensed, aki felhív, hogy visszamondja a megrendelését. Ha úgy állsz hozzá, hogy ez tönkreteszi az üzletedet, akkor ezt fogod megteremteni. Ám ha azt mondod: „Hm, érdekes, hogy ezt teszi!", és felteszel ilyen kérdéseket: „Milyen más lehetőségek érhetőek el, amikre még nem néztünk rá?", vagy: „Mit tehetnénk vagy létezhetnénk másképp, ami megváltoztatná ezt?", azzal egy más valóságra nyitsz ajtót.

Egy éven keresztül minden egyes nézőpontomra alkalmaztam az „érdekes nézőpontot" egészen addig, amíg már nem volt semmiről nézőpontom. Most, amikor ránézek valamire, nincs róla nézőpontom. Ez nagyszerű, hiszen feltehetek kérdéseket, és a nézőpontom nem állja útját a válasznak. Amikor felteszem a kérdést, hogy: „Hozol nekem pénzt?", tisztán hallom, amikor igent vagy nemet mond.

Mi kellene hozzá, hogy megjelenjen a(z) ____?

A „kérj és megadatik" az egyik igazság a Bibliában. Rengeteg dolog van benne, ami nem igaz, de ez egyike a benne levő igazságoknak – amit hajlamosak vagyunk figyelmen kívül hagyni. Nem kérjük azt, amire vágyunk az életben.

Időnként, amikor a pénz témakörében dolgozunk emberekkel, azt kérdezik: „Miért nem tudok kikerülni az adósságból? Miért nem jelenik meg a pénz, hogy boldog lehessek?"

Meg szoktuk érdeklődni: „Nos, kérted?"
Döbbenten néznek ránk ilyenkor.
Megismételjük ilyenkor a kérdést: „Nos, kérted a pénzt?"
„Ezt hogy érted?"
„Kérned kell valamit ahhoz, hogy az univerzum a te érdekedben járjon el, és megkapd."
„Dolgozom, megerősítő gyakorlatokat csinálok, csinálom ezt, csinálom azt, és semmi nem működik."
„Tudom. Ez azért van, mert nem kérted a pénzt."

El sem tudom mondani, hány ember csinál mindent jól, csak ezt az egy létfontosságú dolgot nem teszi meg. Ahogy megértik ezt és elkezdik kérni az univerzumtól azt, amire vágynak, az anyagi helyzetük elkezd megváltozni.

Remek módja annak, hogy kérj valamit, hogy azt mondod: „Mi kellene hozzá, hogy megjelenjen a(z) ____?" Például: „Mi kellene hozzá, hogy idén megduplázzam a bevételem?"

Ahelyett, hogy az emberek kérdéseket tennének fel, a legtöbben feltételeznek. „Az egyetlen módja, hogy idén megduplázzam a bevételem, ha két teljes munkaidős állást vállalok." Az a helyzet, hogy amint feltételezésekbe bonyolódsz és megpróbálod kisakkozni a dolgokat, semmi más nem jelenhet már meg, hiszen egy hatalmas korlátozást hoztál létre. Ahhoz, hogy azt generáld, amit szeretnél, egész egyszerűen csak kérned kell az univerzumtól azt, amire vágysz. A „Mi kellene hozzá, hogy megjelenjen a(z) ____?" egy hatékony módja ennek.

Miután kérsz, hajlandónak kell lenned megtenni azt, ami ahhoz kell, hogy generálhasd a pénzt, amit szeretnél.

Mi más lehetséges még?

Amikor egy olyan helyzetben vagy, ami nem úgy alakul, ahogy szeretnéd, tedd fel a kérdést: „Mi más lehetséges még?" Például ha nincs annyi pénzem a bankban, amennyit szeretnék, a „Mi más lehetséges?" kérdés ajtót nyithat egy új lehetőségnek.

Használj más kérdéseket is: „Mit szerezhetek még meg? Mit változtathatok meg? Mit generálhatok? Mi lehetek? Milyen energia lehetek? Mit tehetek?"

Nincs az a nézőpontom, hogy valaha bármi megállíthatna, ami egyben egy megkövetelés is, és tudom, hogy használhatok kérdéseket arra, hogy felfedezzek egy újdonsült nézőpontot vagy meglássak egy lehetőséget, ami azelőtt nem volt látható.

Mivel teremtettem ezt?

Nemrég Texasban kocsikáztam Curry barátommal, az új autójában, amit a fiának vett. Ahogy elhaladtunk egy kávézó mellett, azt hallottam: „Igyunk egy kávét." Azt gondoltam: „Nem akarok kávézni", és tovább mentem.

Ezután azt hallottam: „Miért nem állsz meg itt a régiségboltnál?", de nem tettem meg. Nem is volt nyitva.

Pár perccel később piros lámpához értünk és egy hatalmas texasi platós teherautó mellett álltunk, ami 2,5 méter magas volt. Ahogy zöldre váltott a lámpa, a mellettünk levő sávban nem mozdult az autó, így ráléptem a gázra, és elkezdtünk előre csorogni. Hirtelen bumm! Valaki nekijött a kocsink elejének és olyan gyorsan elhajtott, ahogy csak tudott. Cserbenhagyásos károkozás. Bottal lehetett ütni a nyomát, a mi autónk pedig csúnyán összetört.

Ha hallgattam volna a megérzéseimre és megálltam volna a régiségboltnál, nem lettünk volna ott, amikor az autó átszáguldott a piros lámpán. Ha hallgattam volna a megérzéseimre és megálltam volna egy kávéra, nem lettünk volna ott. De nem, nem figyeltem oda. A kapott információ ellenére másképp cselekedtem. Meghallottam az infót, ami megelőzte volna az egészet, és ignoráltam. Miért hagytam figyelmen kívül ezeket a finom jelzéseket, amikre oda kellett volna figyelnem? Amikor ilyesmi történik, fel kell tenned a kérdést: „Miért is nem figyeltem?"

Az emberek drágán megfizetnek azért, ha nem figyelnek oda a finom jelzésekre. Olykor nincs értelme a jeleknek, amit kapsz, de akkor is hallgatnod kell rájuk. Semmi értelme nem volt annak, hogy kávét igyak, ahogy annak sem, hogy álljak meg egy bezárt régiségüzlet előtt, de ez nem az értelemről szól, hanem az éberségről.

Ha nem indultam volna el a zöld lámpánál, hanem feltettem volna a kérdést: „Mire nem vagyok itt éber?", időt szántam volna rá, hogy észrevegyem, valami nem stimmel. És még így sem rohantam bele a kereszteződésbe, habár nem mozdult a forgalom. Normál esetben én lövök ki elsőnek, szeretek padlógázzal nekilódulni. Még ezt a kocsit is kielőzhettem volna ebben a helyzetben. Általában úgy vezetek, most azonban nem így tettem.

Curry így szólt: „Úgy vezettél, mint egy öregember és fogalmam sem volt, mit művelsz." Úgy vezettem, mint egy öregember, hogy ne haljunk meg. Ha kilőttem volna, amikor a lámpa váltott, a másik autó orra lett volna az ajtómban. Olykor igenis öregemberként vezetni a helyes dolog.

A történtek után visszatekintve elkezdtem vizsgálni, miért nem figyeltem oda az apró jelekre. Feltettem a kérdést: „Mivel teremtettem ezt?" Azt a tíz másodperces tudattalanságot kerestem, ami ezt az eredményt szülte.

A koccanás ráébresztett, hogy még intenzívebben éberré kell válnom, mint eddig. Ahogy egyre éberebb leszel, a dolgok sokkal inkább egy puha tollpihe érintésével érkeznek majd, nem pedig arculcsapásként. Hajlandónak kell lenned befogadni a tollpihe érintését, hogy tudd, mi történik, különben arculcsapásra lesz szükség. A kérdés feltevése lehetővé tette, hogy lássam, miként választottam a tudattalanságot az éberségemmel kapcsolatban, hogy álljunk meg. Azzal teremtettem a helyzetet, hogy nem figyeltem az éberségemre a baleset előtt; ha odafigyeltem volna, az mindent megváltoztatott volna.

Minden bizonyító kitalációt és DISZK-et, amivel rendelkezel, hogy minden éberséged egy arculcsapásként érjen, azt elpusztítod és nemteremtetté teszed? Helyes, helytelen, jó, rossz, POD, POC, mind a 9, rövidek, fiúk, POVAD-ok és túlontúl.

Mi a jó ebben, amit nem veszek észre?

A karambol után Curry ezt a kérdést használta, hogy lássa, mire nem figyelt oda. Rájött, hogy a fiának nem tetszett az autó. Az ütközés ráébresztette, hogy az autónak arra volt szüksége, hogy imádják, nem pedig arra, hogy csak a garázsban porosodjon. Azt mondta: „A fiam valójában egy másik autót akart, de ahelyett, hogy azt vettem volna meg neki, amelyiket akarta, azt a kocsit vettem meg, ami nekem tetszett."

A „Mi a jó ebben, amit nem veszek észre?" egy gyönyörű kérdés, amit a pénzügyeiden is alkalmazhatsz, vagy bármilyen körülménynél, amivel nem vagy megelégedve. Új látásmódra invitál, hogy észrevedd, mi a helyzet a pénzügyi világodban. Tegyük fel, hogy hamarosan elveszíted az állásodat, nincs új lehetőség kilátásban, és nem keresel elég pénzt, hogy fedezd a kiadásaidat. Elég siralmas a helyzet, ötleted sincs, miből fogod kifizetni a számláidat jövő hónapban. Látszólag nincsenek opcióid. Mi az első lépés? Vegyél egy mély levegőt, majd még egyet, és még egyet. Az első lépés, hogy hagyd abba a hiperventillálást és gyere vissza a jelenbe, hogy hajlandó legyél befogadni az információt, ami a kérdésedre érkezik. Majd tedd fel a kérdést: „Oké, mi a jó ebben, amit nem veszek észre?" Akartad egyáltalán ezt az állást? Akarod még ezt az állást? Ha kivonod a képletből azt a nézőpontot, hogy valami értékeset veszítesz el, mi más lenne lehetséges?

Néha, amikor megkérdezzük emberektől, hogy: „Tudtad, hogy már végeztél azzal a munkával?", azt felelik: „Csak haldokoltam azon a munkahelyen!"

„Szuper, szóval mit szeretnél valójában csinálni?"
„Nem tudom, de valami teljesen mást."
„Oké, akkor kövesd ennek az energiáját."

Tíz másodperces szakaszok

Amikor gyerek voltál és a szüleid elvittek a fagyizóba, azt mondták: „Bármit kérhetsz", vagy azt mondták, hogy: „Kaphatsz ebből – vagy abból"? A legtöbb szülő azt kérdezi: „Ezt akarod – vagy azt akarod?" Két választást adnak. Ám mi sosem értettük, miért kellene „ez" és „az" között választanunk. Mindet akartuk!

A legtöbbünket sosem tanítottak meg rá, hogy válasszunk magunknak. Ennek az az eredménye, hogy gyakran nehezünkre esik felnőttként döntéseket hoznunk. Santa Barbarán van egy étterem, aminek hatalmas vasárnap reggeli büféje van. Egy kilométeres asztal van megpakolva mindenféle étellel és itallal, amit csak el tudsz képzelni. Annyira sok étel van, hogy lehetetlen lenne mindenből akár csak egy falatot is enni. Mégis mi alapján választod ki, mit egyél? Én bemegyek, ránézek az asztalra és végem van. 55 dollárt költök csak arra, hogy ránézzek arra a sok ételre. Azt mondják, végtelen választásunk van, de nem rendelkezhetünk eggyel sem. Azt gondoljuk, könnyebb két dolog közül választanunk. Tojásrántotta legyen vagy egy szelet bacon?

Gyakran kerülünk olyan helyzetbe, ahol választani próbálunk két olyan dolog közül, amit nem is akarunk. Próbáljuk kitalálni, melyik a kevésbé rossz. Olyan ez, mint szavazni egy politikusra. Nincs senki, akire igazán szavaznál, így hát a legkevésbé rosszat választod. Erre tanítottak. Nem azt választod, ami kiterjesztené az életedet és mindent megadna, amire vágysz. A borzalmas és a nem is annyira rossz közül választasz.

Ahelyett, hogy „ez vagy az" közül választanál vagy küszködnél vele, hogy válassz, miközben túl sok dologból lehet választani, vagy hogy a kisebb rosszat válaszd, kezdj el mindent tíz másodperces szakaszokban csinálni. Ahelyett, hogy a világ összes férfiját nézegetnéd a világon, miközben próbálod kitalálni, melyiket szeresd, vagy ahelyett, hogy próbálnál két olyan pasi közül választani, akiket nem is igazán akarsz, csak válaszd, hogy tíz másodpercre szeretsz valakit. Megteheted, hogy tíz másodperc múlva nem választod őt, ahogy azt is választhatod a következő tíz másodpercben, hogy ismét szereted.

Amikor azt gondolod, hogy egy választás az egyetlen, amid lehet, saját magad alatt vágod majd a fát, hogy meghozd a helyes döntést. Ehelyett próbáld ki a tíz másodperces választásokat. Az a szépsége, ha tíz másodperces szakaszokban választasz, hogy a választás éberséget teremt. A legtöbbünket arra tanították, hogy gondoljunk a választásaink következményére. „Légy óvatos, mit választasz, mert ha hibázol, nincs visszaút." Ez igaz? Könnyedebbé tesz? Vagy elnehezít? Netalántán pánikot kelt benned? Elnehezít, hiszen ez hazugság! Sosem tudhatod, mi fog történni, amíg nem hozol egy választást.

Ha választasz, és nem tetszenek a következmények, csak mondd: „Hoppá, ez egy rossz választás volt. Következő!" Válassz újra. Ha így működsz, nem fogsz pánikolni a választásaidon, hiszen nincs jelentőségük vagy jelentésük.

Játsszunk egy játékot. Tíz másodperc van hátra az életedből. Az őserdő közepén vagy, ami tele van oroszlánokkal, tigrisekkel, medvékkel és mérgező kígyókkal. Csak épp úgy néz ki, mint a város, amiben élsz. Itt fogsz meghalni, a következő tíz másodpercben. Tíz másodperced van hátra leélni az életed. Mit választasz?

Elképzelhető, hogy így fog kinézni, mint egy korábbi tanfolyamon:

Gary: Tíz másodperced van leélni a hátralévő életedet. Mit választasz?
Résztvevő: Hogy szeretkezem.
Gary: Szeretkezel. Oké, az egy picit több, mint tíz másodpercbe telik. Ha mégsem, keress egy új pasit.
Résztvevő: Hogy egyek valami édeset.
Gary: Oké, jó.
Résztvevő: Szabadság, felszabadulás.
Gary: Oké, ennek az életnek annyi. Tíz másodperced van, hogy leéld a hátralévő életed. Mit választasz?
Résztvevő: Öröm. Buli. Pénz. Éberség.
Gary: Jó. Ennek az életnek vége. Válassz újra!

Résztvevő: Egy bicikli.
Gary: Jó. Ennek az életnek vége. Válassz újra!
Résztvevő: Játszani, inni egy pohár bort.
Gary: Jó. Ennek az életnek vége. Válassz újra!
Résztvevő: Egy gyönyörű fotót készítenék.
Gary: Jó. Ennek az életnek vége. Válassz újra! Észrevetted, hogy amint elkezdtél tíz másodperces szakaszokban választani, elkezdtél könnyedebbé válni?

Csináld ezt mindig, minden egyes nap. Mondhatod azt egy tíz másodperces szakaszban, hogy: „Utálok ebben a gyógyszertárban dolgozni." A következő tíz másodpercben pedig mondhatod: „Imádok gyógyszerész lenni! Imádom a munkámat!" Egy másik tíz másodperces szakaszban mondhatod: „Utálom ezt a személyt, akinek jógát kell oktatnom", a következőben pedig: „Imádom ennek a személynek az illatát, akinek jógát kell oktatnom".

Amikor tíz másodperces szakaszokban választasz, semmi nem ragaszt be. Abból indulsz ki, hogy: „Azt akarom, hogy a mai nap más legyen, mint az előző." Ha egy nap négy kliensem van, és az első felhív, hogy lemondjon, felteszem a kérdést: „Oké univerzum, azt akarod ezzel mondani, hogy szabadnapom van?" És ha a válasz igen, felhívom a másik három embert, és az esetek kilencvenkilenc százalékában azt mondják: „Ó, úgy örülök, hogy hívtál, mert nem igazán akartam ma ezt a kezelést, de megvolt az időpontunk, és nehéz hozzád bejutni, így hát nem akartam lemondani." Ők sem akarták azt a kezelést. Az univerzum próbálta elmondani, hogy ideje szabadnapot tartani. Hajlandó voltam mást választani – és ők is.

Ezt akkor is megteheted, amikor egy úgynevezett nagy vagy fontos döntést kell hoznod, például ha mínuszban van az üzleted, és nincs elég pénzed, és el kell döntened, mitévő legyél. Ne próbálj meg létezésbe erőszakolni valamit, csak hogy keress egy kis pénzt. Inkább válassz tíz másodperces szakaszokban.

Az emberek azt mondták: „Ebben a valóságban élni rengeteg tervezésbe kerül. Nem mindig csinálhatsz dolgokat tíz másodpercekben. Ha tíz másodperccel a repülőút előtt veszem meg a jegyeket, sokkal többet kell fizetnem érte."

Erre azt szoktam mondani: „Attól még szőhetsz terveket. Én is mindenfélét szoktam tervezni, ám hajlandó vagyok megváltoztatni a tervem a következő tíz másodpercben. Csak azért, mert kiterveltem valamit, nem jelenti azt, hogy nem változtathatok rajta." Sokan azt gondolják, hogy véghez kell vinniük a terveiket. Mondták neked valaha, hogy ha nem csinálod végig, semmit nem érsz? Ha valaki azt mondja, hogy egy pillangó vagy, egy senki, egy totális idióta, ismerd fel, hogy önmagáról beszél. Működhetsz ebben a világban és tervezhetsz tíz másodperces szakaszokban, ha hajlandó vagy változni. Ez megkönnyíti az életedet. Ha pedig valaki azt mondja, hogy hóbortos vagy, egy kiszámíthatatlan pillangó, csak köszönd meg. Nem fogják tudni, mit kezdjenek ezzel. Mindig jó tátott szájjal hagyni őket.

Ez a valóság az, ami. Nem kell benne élned, de nem árt, ha tudsz működni benne. Amikor ebben a valóságban működsz, funkcionális vagy, tehát hajlandó vagy ránézni, mi van, hajlandó vagy tudni, hogy mit változtathatsz meg és mit nem, és hajlandó vagy mindent úgy kezelni, ahogy van. Amikor működőképes vagy ebben a valóságban, éber vagy rá, hogy van más választásod. Körbenézel és azt mondod: „Mindenki elvárja, hogy így alakuljanak a dolgok. Együtt kell élnem más emberek elvárásaival? Úgy kell csinálnom mindent, ahogy mások? Szenvednem kell, mint mások? Nem! Lehet más valóságom." A tíz másodperces szakaszokban élés segíthet ebben.

Az életben minden könnyedén, örömmel és ragyogva árad felém

Végezetül pedig az Accessben van egy mantránk: Az életben minden könnyedén, örömmel és ragyogva árad felém. A könnyedség erőfeszítés nélküliség, az öröm boldogság, gyönyör és elragadtatás, a ragyogás pedig az élet bőségének túláradó kifejeződése, ami lehetséges.

Amikor Dain először hallotta „Az életben minden könnyedén, örömmel és ragyogva árad felém" mantrát, elkezdte naponta harmincszor mondogatni reggel, és harmincszor este, valamint napközben is jó párszor, és ez megváltoztatta annak az energiáját az életében, amivel hajlandó volt rendelkezni. „Az, hogy azt hajtogattam, hogy »Az életben minden könnyedén, örömmel és ragyogva árad felém«, megváltoztatta a teret, amiből működtem. Amikor először kezdtem el mondogatni, olyan érzés volt, mintha nem lenne tér az életemben, de öt-tíz ismétlés után elkezdett tér nyílni."

Elképesztő, miféle dolgok történhetnek, amikor azt mondod: „Az életben minden könnyedén, örömmel és ragyogva árad felém."

A legidősebb fiam drogfüggő volt. Egyik este lelépett az autómmal, hogy állítása szerint vegyen egy doboz cigarettát, és nem jött haza. Egész éjjel odavolt. Nem tudtam, mitévő legyek, így folyamatosan azt hajtogattam, hogy: „Az életben minden könnyedén, örömmel és ragyogva árad felém." Nem éreztem úgy, hogy az élet könnyedén, örömmel és ragyogva áradt felém; csak mondogattam. Hajnali kettőkor felébredtem, mert hallottam egy autó hangját, de nem volt otthon, így újra elmondtam. Hajnali négykor, majd hatkor újra megtettem. Végül reggel 7:30-kor besétált az ajtón. Azt mondtam: „Az életben minden könnyedén, örömmel és ragyogva árad felém. Oké, mi a helyzet?" Addigra már közöltem vele, hogy olyan régóta drogozott és annyira elveszítette a kontrollt, hogy a következő alkalommal, amikor ezt választja, el kell költöznie otthonról.

Azt mondta: „Tudod mit? Szükségem van egy elvonóra."

Már három rehabon volt túl, de sosem választotta, hogy önszántából menjen, mindig mi erőltettük rá. Így hát tizennyolc hónapra drogelvonóra ment, és megváltozott az élete. Egy valódi csoda volt. Ma is életben van; elképzelhető, hogy már nem élne, ha nem ment volna elvonóra. Az ő választása volt. Az igazság az, hogy mindig annak a választása kell legyen, aki drogozik vagy alkoholt fogyaszt. Nem tudod rávenni őket a változásra. Csak annyit mondhattam: „Az életben minden könnyedén, örömmel és ragyogva árad felém." Mindig elhiszem? Nem mindig, de használom, mert az univerzum hallja és válaszol.

Reméljük, hogy arra fogod használni a könyvben található eszközöket és információt, hogy egy sokkal nagyszerűbb pénzügyi valóságot generálj, mint amid jelenleg van!

SZÓSZEDET

Létezés

Ebben a könyvben számtalanszor használjuk rendhagyó módon a létezés szót, mint például a kérdésben: „Milyen generatív energia, térűr és tudatosság lehetek, ami lehetővé tenné, hogy a pénz birtoklásának és halmozásának energiája legyek, amiként valójában létezek?" Azért használjuk a létezés szót itt, mert ha nem tudsz pénzként létezni, nem lehet pénzed.

Miért nem azt mondjuk, hogy „a pénz, ami valójában vagyok"? Mert a vagyok egy bizonyító kitalációja a létezésnek. A van egy kitalált nézőpont. A létezik a végtelen lényre utal, ahol mindennek minden aspektusa lehetsz, amiként potenciálisan létezhetsz.

Tisztító mondat (POD-POC)

A tisztító mondat, amit az Access-ben használunk: Helyes, helytelen, jó, rossz, POD, POC, mind a 9, rövidek, fiúk, POVAD-ok és túlontúl.

A **helyes, helytelen, jó, rossz** azt jelenti, hogy: Mi ebben a helyes, jó, tökéletes és kifogástalan? Mi ebben a helytelen, rossz, szörnyű, gonosz, alávaló és borzasztó? Mi helyes és helytelen, jó és rossz?

A **POC** a gondolatok, érzések és érzelmek teremtésének helyét és idejét jelenti, közvetlenül mielőtt eldöntenénk, amit eldöntünk.

A **POD** a pusztítás helyét és idejét jelenti, közvetlenül az előtt, hogy bármit eldöntöttél. Olyan, mint amikor kihúzod a lapot a kártyavár aljáról. Az egész összedől.

A **mind a 9** a kilenc rétegnyi ürüléket jelenti, ami ki lett véve. Tudod, hogy valahol a kilenc rétegben lennie kell egy póninak, mert ennyi szart nem lehetne egy helyre tömöríteni anélkül, hogy ne lenne ott egy póni is. Ez olyan trutyi, amit te generálsz, és ez benne a szívás.

A **rövidek** a következőt jelenti: „Mi ebben a jelentőségteli, mi ebben a jelentéktelen, milyen büntetés jár ezért, milyen jutalom jár ezért?"

A **fiúk** a középpontos gömbök. Láttál valaha buborékfújót, amibe ha belefújsz, rengeteg buborék lesz belőle? Ha pedig kipukkasztasz egyet, máris van helyette új?

A **POVAD-ok** azok a nézőpontok, amiket elkerülsz és védelmezel, ami ezt létezésben tartja.

Milyen nézőpontokat védelmezel és kerülsz el, ami ezt a helyén tartja? Mindent, ami ez, isten tudja hányszorosan elpusztítod és nemteremtetté teszed? Helyes, helytelen, jó, rossz, POD, POC, mind a 9, rövidek, fiúk, POVAD-ok és túlontúl.

A **túlontúl** az az érzés vagy érzékelés, amitől kihagy a szíved egy ütemet, amitől eláll a lélegzeted vagy abbamarad a hajlandóságod, hogy a lehetőségeket lásd. Mint amikor mínuszban van az üzleted és újabb felszólítást kapsz, és elgurul a gyógyszered. Mindenre számítottál, csak erre nem.

Olykor ahelyett, hogy „használd a tisztító mondatot", csak annyit mondunk: „POD-POC-old".

KONFLIKTUSOS UNIVERZUM

(avagy konfliktusos valóság, továbbá konfliktusos paradigma)

Ez egy nézőpont, ami konfliktusos elemekből áll. Ez egy probléma. Például mondták neked gyerekként, hogy a pénz szeretete minden rossznak a gyökere? És elutasítod, hogy gonosz legyél? Ez egy konfliktusos univerzum.

BIZONYÍTÓ KITALÁCIÓ

Ez egy kitalált nézőpont, egy nézőpont, amit te fejlesztettél ki. Mint amikor azt mondod: „A pénznek ilyennek kell lennie", vagy: „A pénz már csak így működik". Úgy gondolod, hogy szeretnéd, ha valami egy bizonyos módon lenne, majd bizonyítékokat gyűjtesz, hogy megpróbáld igazolni az állításod. Ilyenkor nem látod azt, ami van.

MEGJEGYZÉS AZ OLVASÓNAK

Az ebben a könyvben felvonultatott információ a pénzről valójában csak egy ízelítő abból, amit az Access kínál. Az Access tisztításoknak és tanfolyamoknak egy egész univerzuma van. Ha van olyan terület, ahol nem tudod úgy működtetni az életed, ahogy tudod, hogy működnie kellene, érdemes lehet részt venned egy Access tanfolyamon vagy keresned egy Access facilitátort, aki személyre szabottan tud dolgozni veled és nagyobb tisztánlátást adni olyan problémákról, amikkel nem jutsz előrébb, legyen szó akár a pénzről vagy másról. Az Access tisztításokat képzett facilitátorok futtatják, és az alapjuk a te és a veled dolgozó személy energiája.

További információért látogass el ide:

WWW.ACCESSCONSCIOUSNESS.COM

AJÁNLOTT IRODALOM A PÉNZRŐL

Nem a pénz a probléma, hanem te
Írta: Gary Douglas és Dr. Dain Heer

Prosperity Consciousness
Írta: Steve és Chutisa Bowman

*The Penny Capitalist: How to Build a Small Fortune
from Next to Nothing*
Írta: James J. Hester

How to Get Out of Debt, Stay Out of Debt and Live Prosperously
Írta: Jerrold Mundis

www.ingramcontent.com/pod-product-compliance
Lightning Source LLC
Chambersburg PA
CBHW010742170426
43193CB00018BA/2915